超釈 ゴルフ解体新書

アマチュア真常識～骨格連動スイング理論

御仲ヒコ 著
minaka hiko

ブックウェイ

はじめに

この本はゴルフのスイングに関するものです。ただし入門書ではありません。ゴルフを始めて何年にもなるのになかなかショットが安定しないというアベレージ・ゴルファーを対象としています。また、筆者はプロではありません。週末ゴルフを楽しみにしている普通のサラリーマンです。そんな私とゴルフとの付き合いはもう30年以上になります。これまでわりといい加減にゴルフを楽しんできたのですが、当地でシングル・プレイヤーに全く太刀打ちできなかった苦い経験を発端として、3年ほど前から一生懸命スイングの秘密解明に努めて来ました。武道の動きを参考に自分自身の身体の仕組みで確認する作業を続けた結果、全く新しいスイング理論が完成しました。この理論を実践したところゴルフが格段に簡単になり、クラブ・チャンピオンの夢も実現しました。プロ

はじめに

から beautiful swing だと言われるようにもなりました。

本書でご紹介するスイング理論は、最初は自分だけの覚え書きのつもりでまとめたものでした。しかし、その後、ゴルフ仲間から是非とも筆者のスイング理論を参考にしたいとの嬉しい声を少なからず頂戴したこともあり、分かりやすくまとめ直して一冊の本にしたものです。この本を手に取って頂けたのも何かのご縁でしょう。このスイング理論が皆様のゴルフ・ライフ充実に少しでも貢献できるとすれば筆者望外の喜びです。

ところで、ゴルフは西洋起源のスポーツとされ、またトップ・プロに欧米の選手が多いことから欧米人によるゴルフ・スイング理論が主流になっています。これは致し方ないことかも知れませんが、身体の使い方に関する非常に優れた伝統を受け継ぐ私達日本人としては、日本人独自のゴルフ・スイング理論があっても良いのではないでしょうか。

筆者は長年にわたる日本武道探求を通じて、武道における効果的な身体の使い方を研究してきました。その中で確認出来たことは、一言で表現すれば「上体の捻り」を極力排除する、ということでした。腰を使っているように見えるときでも、実際には腰を捻っているのではなく膝を使って腰を回しています。武士がどうして袴を着用したのかに関する興味深い分析があります。それによれば、下半身をゆったり覆い、なおかつ膝の動きを相手に察知されないようにするために袴を着用したと言うことのようです。膝の活用は武士の命を支える最重要事項だったのです。

我が国には過去、神秘的な技を実現した多くの達人が居ました。一般庶民でさえ現代の日本人からは考えられないような身体能力を発揮していたと伝えられています。例えば幕末に我が国を訪れた外国人が馬飼の体力に驚いたという話があります。馬に伴走して長距離を走っても全く息が上がらず疲れた様子も見えない。同様に、江戸時代の飛脚の走行

はじめに

距離も一日に軽く１００キロを越えるという驚異的なものだったようです。こうした例は欧米の歴史上見つけることが難しいものではないでしょうか。

このような驚異的身体能力を持っていた日本人のＤＮＡを引き継いでいる現代日本人ゴルファーとしては、日本古来の武道的な身体の使い方を再確認しながら独自のゴルフ・スイングを実現し、再び世界を感動させたいものだと思います。そしてまた、開発という美名のもと、自然を人間の尺度に合わせ強制的に破壊するのではなく、豊かな自然との共生によって優美な文化を築いてきた私達日本人独自の美しいスイングができればどんなに素晴らしいことでしょう。それは身体という私達の内なる自然に負担を掛けず、その仕組みを最大限尊重する、一言で表現すれば身体を愛することから始まるのではないでしょうか。

目 次

Chapter 2

ゴルフ・スイングのツボ五つ

Chapter 3

体重移動の真実

Chapter 4

簡単テイク・バック〜トップ

Chapter 5

切り返しもヒダリ肩甲骨で

Chapter 6
インパクト～フォロー・スイング、フィニッシュ
――余計な意識は捨てましょう

Chapter 7
アプローチ・ショットの仕組み

Chapter 8
天真正伝スイング

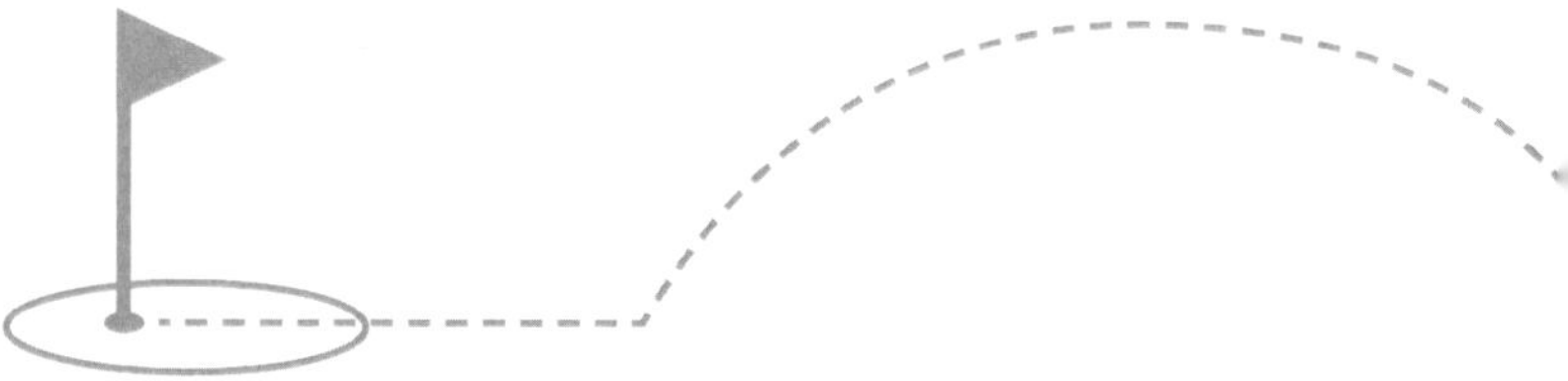

Chapter 1

アフリカ大陸ゴルフ修行

ゴルフと日本武道は似たもの同士

まずは日本武道について少しお話させて頂きたいと思います。筆者と日本武道との付き合いもいつの間にか30年を超えてしまいました。アフリカの屈強な若者たちと日々切磋琢磨することで長年求め続けて来た「不思議な技」が出来るようになり、「天霧（アマギリ）」と命名した筆者独自の武道が誕生しました。この間の事情についてはささやかな本にまとめて出版することができました。

ゴルフの本にどうして日本武道が出てくるのかと思われるかも知れません。しかし、ゴルフと日本武道は実はとても良く似ているのです。ゴルフ・スイングで少しでも無駄な動きが出て来るとミスが連発して命取りになってしまいます。日本武道でも全く同じです。ただ、こちらの方は正真正銘の命取りになってしまう危険性がありますが。精神面でも類似点が多いですね。どのような状況でも冷静・冷徹な判断が求められることはゴルフでも日本武道でも同じです。

綺麗な動きの秘密は膝と肩甲骨にあった

両者の類似点をもう少し具体的に見てみましょう。日本武道の達人の動きは無駄や無理な動きが全くありません。達人はほとんど動いていないと思われるのに相手が倒されてしまう。一言で表現すればとても綺麗な動きなのです。身体にスッと一本線が通っていて力みがない。これはゴルフでも一緒ですね。トップ・プロのスイングはとても綺麗です。それでは、武道の達人やゴルフのトップ・プロはどうしてこのような美しい動きができるのでしょう。筆者は武道探求の過程で、達人の動きには上体の捻じれが無いことを確認しました。そして、上体の捻じれを伴わない動きを実現するためには膝と肩甲骨の運用が非常に重要であることが分かりました。これはゴルフ・スイングでも全く一緒だったのです。このような考えに基づき、膝と肩甲骨の運用を中心に据えて簡単・綺麗なスイングをめざす筆者のゴルフ・スイング理論が完成しました。

この理論によるスイングで筆者のドライバー飛距離が伸び、フェアウェー・キープ率が格段良くなりました。また、これまで左にズレる傾向があったアイアンショットも真っ直ぐ目標を狙って打って行くことができるようになりました。そして、身体の負担が大きく軽減されたことが大きいですね。ちょっとゴーマンな言い方かも知れませんが、ゴルフのスイングはこんなに簡単なものだったんだと思えるのです（と、言うかこれまで相当無理な身体の使い方をしてきたのでしょうね）。もちろん、綺麗なスイングがそのまま良いスコアーに結びつくわけではないのがゴルフですが。

ところで、膝・肩甲骨中心スイング理論完成の前に大きな障害が立ちはだかっていました。それは筆者自身の心の中に巣くっていたある思いこみでした。体重移動に関する間違った理解だったのです。詳細は後ほど説明いたしますが、ここでは簡単にそのことに触れておきたいと思います。

「体重移動」の真実がわかった

ゴルフ仲間から、「スイングに全く力強さがないのに、どうしてそんなにボールが飛ぶの？」と良く聞かれます。私としては一生懸命スイングしているつもりなので全く力感がないと言われると少しへこみますが、身体の自然な仕組みを使っているから余計な力みが感じられないと言うことなのでしょうか。それなら、これは最高の賛辞だなと思い直すことにしています。

さて、多くのレッスン書でゴルフの飛距離を伸ばすためには体重移動が大切と説かれています。しかし筆者は、余りにも多くのアベレージ・ゴルファーが体重移動に関する間違ったメッセージを受け取ってしまっていると思うのです。

ある時当地のプロから「トップでは左脚の緊張感があることが大切だよ」と言われました。「トップ＝右足体重」という教えに疑いを挟むことなく30年間過ごしてきた私にとっては一瞬何を言われているのか分かりませんでした。それでもこの一言が何故かとっても心に引っかかりました。真実の響きを持っていたのでしょうか。この時から私は、これまでの愛読書であった何冊かのレッスン書を捨てて、日本武道との類似性に焦点を当てながら自分独自のスイングを組み立てていくプロセスに入りました。

最初はスイングの動きと体重との関係を自分自身の身体で確認してゆく作業を繰り返しました。そして、常識とは全く逆の「トップ＝左足体重」が本来あるべき姿だという結論に至りました。詳しいことは後ほど解説させてもらいますが、体重移動の本当の意味が分かってからはスイングの他の課題もスルスルと解決したのです。

90切りの参考に ― 和風スイング

冒頭でお伝えしましたが、本書を手に取って頂きたいのは、１００切りや90切りを目指しているゴルファー諸氏です。そこそこのプレーができているのに、思わぬところでＯＢを出したり、肝心なところでチョロが出てスコアーを崩している方々のスイング調整の参考になれば有り難いと思います。筆者も以前はスイングの乱れから時折90を越えるスコアーを出してしまうことがありました。しかし最近はスイングが安定しているのでスコアーはパター次第です（パターは永遠の課題ですね！）。

ところで、筆者のスイング理論はちょっと変わっています。特に、日本武道の動きを参考にしつつ完成した理論ですから従来のスイング理論と異なっているのは当然と言えば当然かも知れません。本書の構成も普通とは違うものになりました。最初はスイングとは全然関係ないと思われることから始まります。骸骨の話からです（骸骨と言っても邪悪な魔力を使ってしまおうというものではありませんのでご安心下さい）。身体の骨組みと言った方が穏やかですね。中でも肩甲骨と膝が主役になることは先程少し触れたとおりです。

膝の動きは分かりやすいのですが、肩甲骨は日常生活では余り意識されることのない骨です。ところがこの骨は体幹と両腕をつなぐとっても大切な役割を静かに果たしています（それに、膝の動きとも関連しています）。本当の実力者と言えるかも知れませんね。

こうした骨組みの中でスイングに直接関係する部分を抜き出して、その仕組みや働き、お互いの連携の仕方を眺めながら、これから幾つかの公式を明らかにします。そして、これらの公式を使いながらスイングのメカニズムを解明してゆこうと思います。本書を最後まで読んで頂ければスイングとはこんなに簡単なものだったのかと実感して頂けると思います。

プロでも90越えがあり得る超難関コース

さて、本題に入る前に、筆者が修行してきたゴルフ・コースを簡単に紹介しておきたいと思います。このコースで鍛えられたからこそ筆者のスイングが完成しました。筆者のスイング完成の第一の恩人（恩コース？）だと思います。

筆者が滞在している所はアフリカ大陸の西側中央部のカメルーンという国です。一時期サッカーで知られるようになりましたが、日本人には余り馴染みのない国かも知れません。その首都がヤウンデです。標高が８００メーター以上あるので、アフリカとは言え朝晩は肌寒い時もあります。ゴルフ場は筆者自宅から車で約5分（！）のところにあります。所在地の名前をとって「ヤウンデ・ゴルフ・クラブ」と言います。もう30年以上もカメルーンの最高指導者の地位にあるビヤ大統領の肝いりで自然の丘陵をそのまま生かして造られた本格的な18ホールのゴルフ場です。

このコースを一言で表現すれば超ハードなコースということになります。全長6151メーター（当地では距離はメーター表示です）、スロープ120メーター、パー72。グリーンは小さくて、そのほとんどが砲台になっています。グリーンは芝と言うよりは普通の草を刈り込んだ状態です。メンテが覚束ないので、カップのまわりの草が伸びて垂れ下がりカップを一回り小さくしたような印象を与えています。ところどころ草の茎が出ているのでボールがあらぬ方向に転がってしまう。整備の行き届いた日本のゴルフ場と較べれば、グリーン上だけで5打は違ってくるとの印象です（これは決して誇張ではありません！）。

スロープ120メーターという数字が示しているように、アップ・ダウンがきついコースです。キャディさんは居ますが、カートはありません。またエスカレーター等の施設は皆無です。スルーで18ホール完走するとクタクタです。ティーグラウンド（平坦じゃないところが多い）に立つとすぐそこから急傾斜の登りになっているホールが

2つ。ドライバーを手にするのが躊躇されます。サービス・ホールという概念はないのでしょうね。18ホール全てピン・ポイントで狙って行かないとトラブルに巻き込まれます。

例えばアウトの6番ショート。141メーターと距離はそんなに無いのですが、砲台になったグリーンは小さくて左に傾斜しています。ガード・バンカーが3つ。特に左に配置された2つのバンカーに入ると打ち上げの厳しいバンカー・ショットが要求されます。グリーンの左半分にナイス・オンしても、傾斜のせいでボールはコロコロとバンカーに吸い込まれてしまいます。狙い目はグリーン右手前の一点しかないのですが、途中に大きな灌木がせり出しており、これを越えて行くには9番かPWによるティー・ショットが要求されます。141メーター、ヤードに換算すると約155ヤード。筆者だと7番か8番ということになるのですが、悲しいかな灌木を越す高さは出せません。(フェード・ボールで攻めていく方法もありますが、すっぽ抜けて左に外すと左バンカー直撃、あるいは左の深いラフに飲み込まれます。)ですから、グリーン手前までボールを運んで、後は打ち上げのアプローチ勝負ということになってしまいます。

当地には雨期と乾期の二つの季節があります。雨期には芝がとても強くなり、ラフは伸び放題です。ラフに入ってしまうとボールを見つけるのにとても苦労します。運良く見つかってもフェアウエーに出すだけで精一杯です。乾期にはラフは問題なくなりますが、コース全体がコンクリート状態になり弾んだボールがどこに行ってしまうか全く分かりません。また、グリーンに直接オンすれば、コーンと弾んだボールがOBゾーンまで行ってしまいます。グリーン手前に運んでそこから転がしのアプローチが正攻法となります。このように、一つのゴルフ・コースが季節によって完全に様相を変えてしまいます。まるで二つのゴルフ場があるような感じです。お陰で多彩な技の訓練ができました。

18番ホール後方からクラブ・ハウスを臨む

4番ホール第二打地点までの登攀路

６番ホールのグリーン。右下の崖に向かって傾斜

６番ホールからティーグラウンドを遠望。左の灌木がとてもやっかい

Chapter
2
ゴルフ・スイングのツボ五つ

骨格連動

私達の身体は骨格が連動することで多彩な動きが出来るように創られています。人間であれば、特殊な事情がない限り誰でも同じような動きをしています。勿論、特別な訓練を行ったプロ・ゴルファーと普通の人とでは動きの質が違いますが、基本的な動きが大きく違っているわけではありません。例えば、前に伸ばした腕を身体に近付ければ肘が折れて手の平が顔の方を向きます。この時に手の平が外に向いたままの人は居ないでしょう。このようにある動きをするとき私達の身体の骨格は常に一定の連動をしています。ゴルフのスイングにおいても、この原則は変わりません。

多くの骨格連動の中で、ゴルフ・スイングでとても大切な連動が五つあります。その一つは肩甲骨と腕や手の連動です。二つ目は肩甲骨と鎖骨との関係、そして三つ目は肩甲骨と膝との連動です。また、膝が折れることと体重及び上体の回転との関係も重要です。以上五つの事柄について見てゆきたいと思います。この五つの骨格連動をしっかり理解しておくことでスイングが大きく変わってきます。スイングのツボは、極論すればこのたった五つのポイントだけです。

肩甲骨と腕・手、肩甲骨と膝の連動

ポイント1 肩甲骨について

まずは肩甲骨とはどのような骨なのかまとめておきたいと思います。肩甲骨は肩背面にある一対の逆三角形をした骨です。幾つかの特徴があります。次のとおりです。

①肩甲骨は背中に浮いている（図1）。
②肩甲骨は鎖骨を介して体幹とつながっている（図2）。
③肩甲骨には多くの筋肉がついており上体、腕の動きを支えている。
④肩甲骨は多様な動きをしている（図3）。

図1

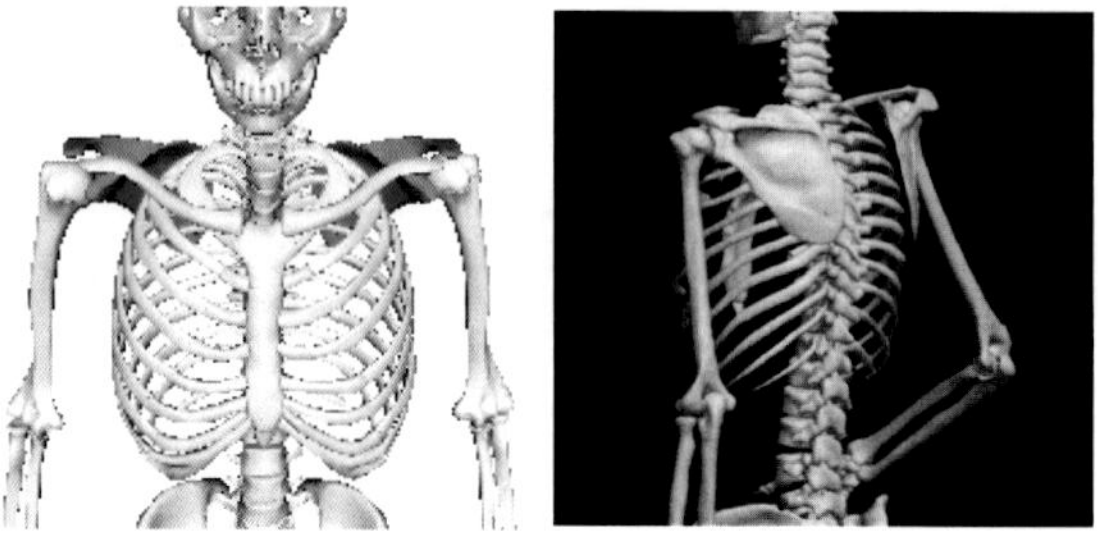

図2

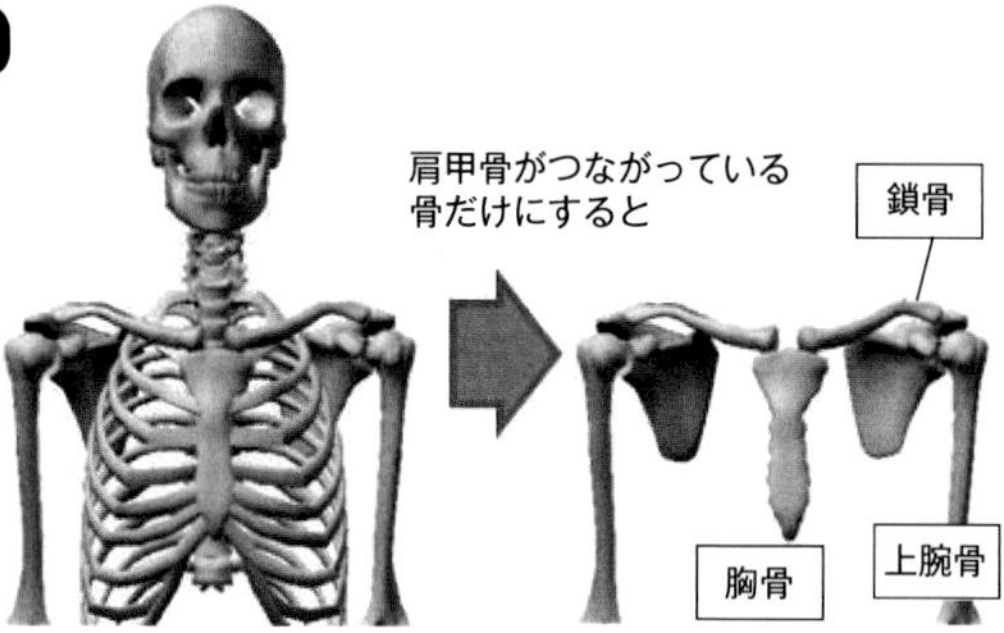
肩甲骨がつながっている
骨だけにすると
鎖骨
胸骨
上腕骨

図3

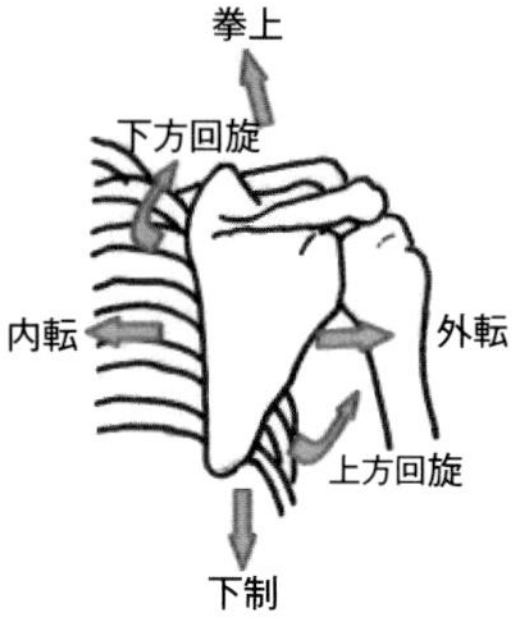
挙上
下方回旋
内転
外転
上方回旋
下制

【肩甲骨の動き】

- **挙　上**：肩甲骨を上に上げる動き
- **下　制**：肩甲骨を下に下げる動き
- **内　転**：左右の肩甲骨を近づけるように内側に寄せる動き
- **外　転**：左右の肩甲骨を離すように外側に開く動き
- **上方回旋**：腕を体の横で上げていく際に肩甲骨が上方向に回っていく動き
- **下方回旋**：腕を体の横で下げていく際に肩甲骨が下方向に回っていく動き

ポイント2 肩甲骨と腕・手の連動

さきほど、肩甲骨は多様な動きをしていることを確認しました。全部で六つの動きがありました。しかし、スイングの中で重要な肩甲骨の動きは上方回旋と下方回旋だけです。挙上、下制、外転、内転は意識的には使わない方が無難だと思います。何故でしょうか。スイングの中で間違った動きをしないため大切なことなので一つ一つ見ておきたいと思います。

まず挙上（下制）ですが、この動きは分かりやすく言えば肩をすくめる動きですね。スイングの途中で肩をすくめる動きが出てしまう一番分かりやすい例は身体が突っ込みすぎた時です（実は、もう一つ重要な要因がありますが、これについては後述します）。ボールとの距離が縮まってしまったと判断した身体は反射的に肩をすくめて距離を合わせようとします（身体の反射能力は想像以上に凄いのです）。それに肩甲骨の動きは私達が思っている以上に膝の動きと連動しています。肩をすくめる（肩甲骨を挙上する）と膝が伸び上がる要因となってしまいます（後に出てくる「肩甲骨と腕・手、肩甲骨と膝の連動公式」の**公式2補足**を参照）。このことはご自身の身体で簡単に確認できると思います。この連動によって、身体がかぶってボールとの距離が縮まる↓（反射的に）距離を調整しようとして肩甲骨が挙上する↓膝が伸び上がる↓フェイスが開く↓極端なスライスという悲惨な連鎖がおこってしまいます。

次に外転（内転）はどうでしょうか。肩甲骨を背骨から横に離す（近付ける）動きです。ゴルフ・スイングの中で肩甲骨のこの動きをすることは余程のことがないかぎりあり得ないと思います。というのもこの動きは両手が離れている時にはやりやすいのですが、両手が結びついている時には肘の動きを上手く使わないと難しいからです。ゴルフ・スイングではグリップをすることで両手が結びついています。またスイングは一瞬の出来事ですから、その極めて僅かな時間の中で肘を意識的に使うことはとても難しいことです。

このように、スイングの中で重要な肩甲骨の動きは上方回旋と下方回旋だけです。それでは、肩甲骨が上方回旋する時に腕がどのように動くか確認しておきましょう。上方回旋を分かりやすく言うと、肩甲骨の三角形の先（一番下の部分ですね）が肋骨に沿って肩の方に上がってゆく動きです。この時、腕や手は内旋します。腕を前にならえの位置から更に上に挙げて行くと肩甲骨の上方回旋が実感できると思います。その時、両手のひらの向きはどうなっているでしょうか？前にならえの位置で両手のひらはお互い向き合っています。ところが、腕を更に挙げて肩甲骨が上方回旋すると、手のひらは自然に下を向きます。下方回旋はその逆の動きになります。詳しくは後で説明しますが、クラブ・ヘッドを開閉させているのは実はこの連携だけです。それ以外の意識的な動きでこの開閉を行おうとすればヘッドが暴れて色々なミスを生みますのでしっかり確認しておいて欲しいと思います。

ポイント3 肩甲骨と鎖骨の連動

鎖骨は肩甲骨に較べて身体の前面にあるだけに分かりやすいですね。**図2**のように胸の真ん中にある胸骨から左右両方に伸びて肩甲骨及び上腕骨に繋がっている細長い骨です。この骨と肩甲骨の動きとの関連はどうなっているでしょうか。御自身の身体で確認してみて下さい。肩甲骨が上方回旋（腕を身体の横で上げていく動き）をすると、これに連動して鎖骨の肩甲骨側が上がることが分かります。（下**図4**参照。）鎖骨の肩甲骨側が上がると胸骨が傾斜します。例えば、身体の横で右腕を上げてゆくと胸骨が次第に左側に傾斜します。この連動は身体が目標方向にかぶってゆく主な原因になっているのでしっかり確認しておいて欲しいと思います。

ポイント4 肩甲骨と膝との連動

次に肩甲骨と膝との連動です。肩甲骨が膝と連動しているというと、多くの読者は「え!?そうなんだ」という反応をされるのではないかと思います。余り認識されてい

図4

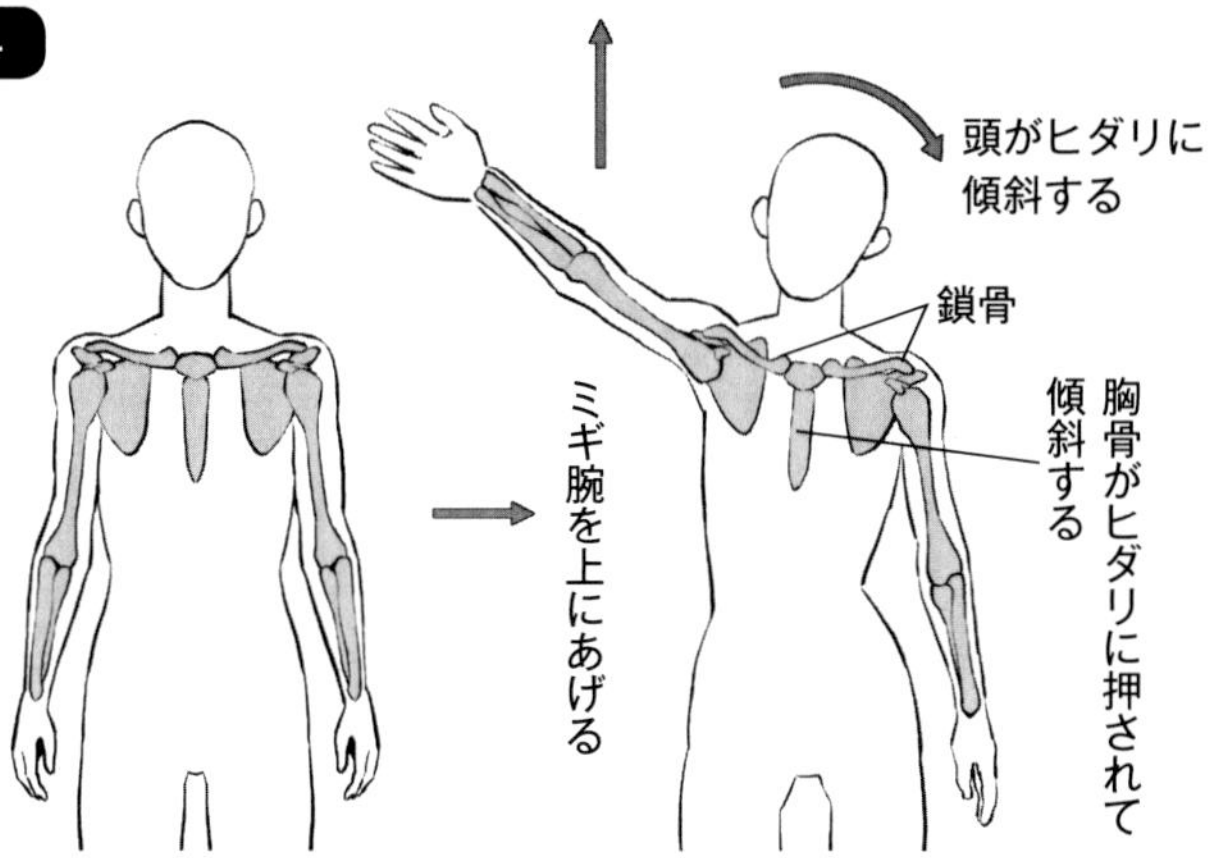
頭がヒダリに
傾斜する
鎖骨
ミギ腕を上にあげる
胸骨がヒダリに押されて
傾斜する

図5

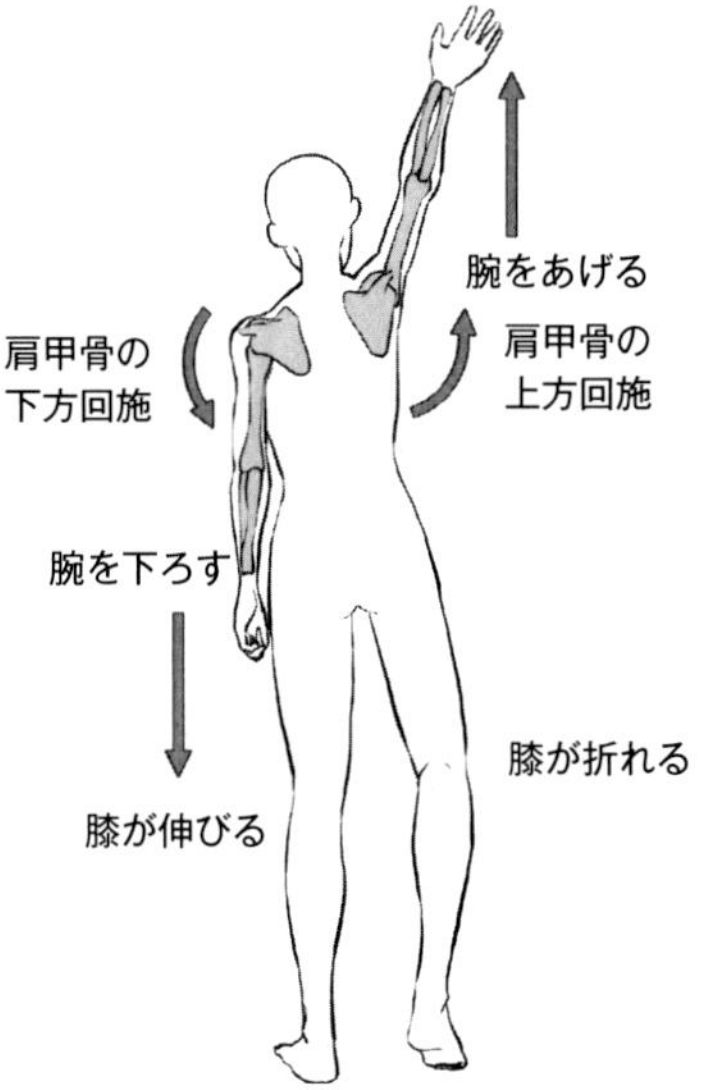
腕をあげる
肩甲骨の
下方回施
肩甲骨の
上方回施
腕を下ろす
膝が折れる
膝が伸びる

ませんが、この二つは確実に連動しています。簡単な動きで確認しておきましょう。**図5**のように自然に直立して片方の腕を伸ばして上に、もう片方の腕を伸ばして下にします。そこから、上にあげた腕を下に降ろしてゆきます（肩甲骨の下方回旋です）。同時に下の腕を上にあげてゆきます（肩甲骨の上方回旋です）。いかがでしょうか。上から下に向かって動いた腕と同じ側の膝が伸びて、下から上に向かって動いた腕と同じ側の膝が折れましたね。つまり、肩甲骨が下方回旋すると同じ側の膝が伸びて、肩甲骨が上方回旋すると同じ側の膝が折れる方向に圧力が掛かります。この関係性はトップからの切り返しで非常に重要なポイントになりますので是非しっかり押さえておいて下さい。

ポイント5 肩甲骨と腕・手、肩甲骨と膝の連動公式

さて、これまで確認してきたことをまとめて公式にしておきましょう。次章からのスイングに関する説明の中でこれらの公式が度々出てくることになりますので良く理解しておいて頂きたいと思います。

公式1

肩甲骨の上方回旋↕（同じ側の）腕の内旋↕胸骨の反対側への傾斜※
肩甲骨の下方回旋↕（同じ側の）腕の外旋↕胸骨の同じ側への傾斜※

※中心軸を維持した前傾姿勢の場合、この胸骨の傾斜が回転運動に転換される

公式2

肩甲骨の上方回旋↕（同じ側の）膝が折れやすくなる
肩甲骨の下方回旋↕（同じ側の）膝が伸びやすくなる

公式2補足

肩甲骨の挙上→（同じ側の）膝が伸び上がる

※この公式は正しいスイングをしている時には関係ない公式ですが、ミス・ショットの原因になっているので、公式２補足として確認しておきます。

膝と体重との関係

体重に関しては、後ほど「体重移動の真実」の項目で詳しく検討したいと思います。ここでは、その前提として膝と体重の関係について確認しておきたいと思います。直立して膝を折る簡単な動きの中で、体重がどこに掛かっているかチェックしてみて下さい。ゴルフ・スイングは普通には無い特殊な動きなので身体の自然な仕組みを感じ難くなる傾向がありますが、ゴルフ・スイングを行っているのは他ならぬ私達の身体ですから、その自然な仕組みに変化があるわけではありません。

左膝を折ると体重は左側（左足）に掛かっています。右膝を折ると体重は右側（右足）に掛かっています。これはスキーのボーゲンを参考にすると分かりやすいかも知れません（**図6**）。この

図6

関係性と逆のことをしようとすれば意識的な動きを付け加える必要があります。例えば、左膝を折りながら右足に体重を掛けるにはどうしたら良いでしょうか。身体の中で一番重い頭を右に持って行くことでこの不自然な関係性を作り出すことができます（この時身体の中心軸が大きく右に傾いていることに注意して下さい）。以上を公式にしておきます。

公式3

中心軸が維持されている時、体重は膝が折れる側に掛かる

膝と上体の回転との関係

最後のポイントは膝を折る動きと上体の回転との関係です。直立して中心軸を維持しながら右膝を折ってみます。そうすると上体は自然に左回転を始めます。左膝を折

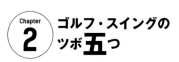

れば上体は右回転を始めます。膝が折れる方向を基準にすれば、上体は膝が折れる向きに回転すると言えます。また、ゴルフ・スイングのように膝が最初から若干折れている場合には、伸びる膝の方向に上体が回転します。**図7**を参考にご自身で確認してみてください。

図7

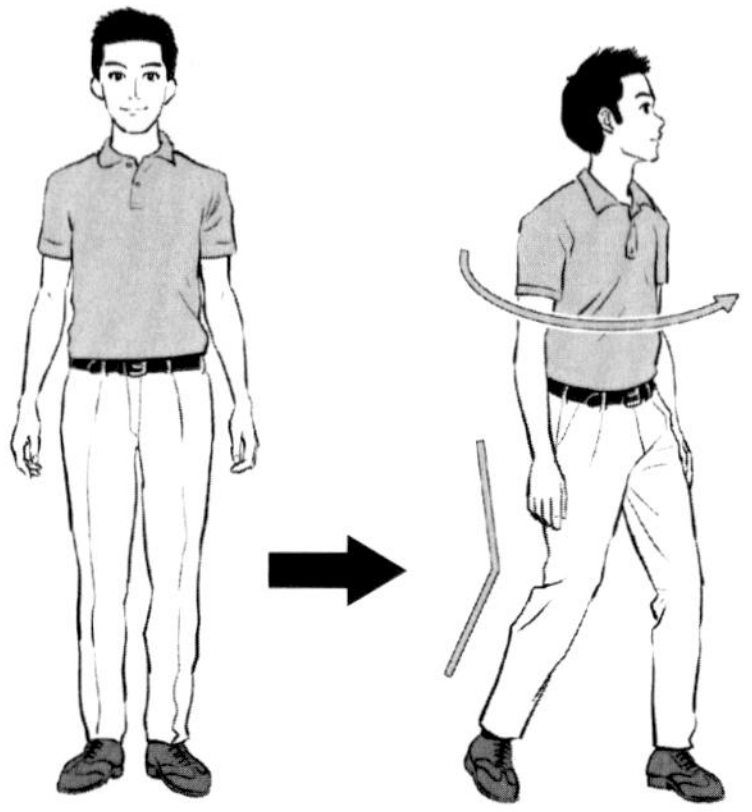

右膝を折ると上体は左回転する

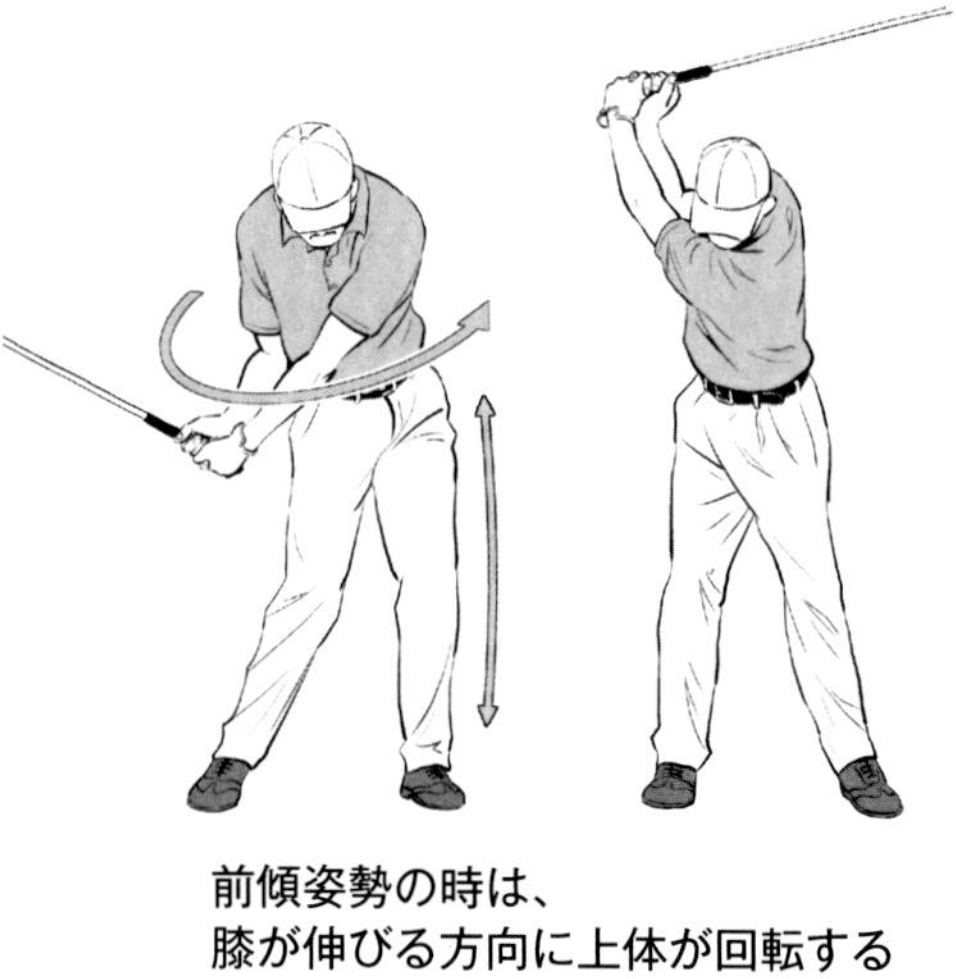

前傾姿勢の時は、
膝が伸びる方向に上体が回転する

この関係性は日常生活では余りにも当たり前のことなので特別意識することはありません。しかし、ゴルフ・スイングでは、この事実をちゃんと意識することがとても大切になってきます。私達はゴルフ・スイングで身体の自然な連動を敢えて壊してしまうような意識やイメージを持ってしまう傾向があるようです。ですから、そのような間違った意識を持たないようにするためにもこの正しい連動に関する意識を常に再確認することが大切になります。次のような公式にしておきたいと思います。

公式4

中心軸が維持されている時、上体は膝が折れる向きに回転する

（前傾姿勢で既に膝が折れている状態では、伸びる膝に向けて上体が回転する）

Chapter

3

体重移動の真実

さて、いよいよゴルフ・スイングの本論に入ってゆくことにします。まずはゴルフ・スイングにおける体重移動ということについて。体重移動という言葉に隠された本当の意味がはっきり分かってから筆者のスイング理論が完成したことは先に述べました。そういう意味では最初の重要なポイントということができるでしょう。体重移動に関する正しい理解が出来るだけでもスイングが大きく変化することは間違いありません。

ところで、ゴルフ・スイングの解説は右や左が沢山出てきてとても煩瑣な印象を持ってしまいます。読み進むにつれて、どちらがどちらか分からなくなって混乱してきますし、一々確認しながらページをめくっていると根気が続きません。漢字の右と左という字がよく似ていることも関係があるのかも知れません。ですから本書では、右をミギ、左をヒダリとカタカナで表記することにしました。なお、本書ではミギ効きのゴルファーを想定しています。レフティーの方はミギ・ヒダリを逆転させて下さい。

体重移動の罠？

体重移動に関するこれまでの一般的な説明を見ておきましょう。多くのレッスン書では、トップでミギ足により多くの体重がかかり、この体重をダウンスイング以降ヒダリ足（飛球線方向）に移動させ、フィニッシュではほぼ完全にヒダリ足に体重がかかる、という解説が主流になっているものと思われます。最近ではヒダリ一軸スイング理論が脚光を浴びてきていますが、依然として主流派は体重移動に基づく理論だと思われます。

筆者もかれこれ30年間この教えに全く疑問を持っていませんでした（今は、そのために遙か遠回りをしてしまったものだと思っています）。何とも長い間体重移動という言葉の罠に嵌まっていたものだと思います。多くのゴルファーにとって当たり前の理論とされているこの体重移動、そのどこが罠だったのでしょうか。

体重と加重

体重移動という問題を検討するに当たってまず確認しておきたいことがあります。それは、「体重」と「加重」との明確な区別です。この区別をしておかなければ曖昧な議論に終始してしまう恐れがあると、筆者は考えています。

体重とは読んで字の如く身体の重さのこと。一方、加重とは「さらに重さや負担を加えること」（デジタル大辞泉）という意味であるとされています。体重とは静的な身体の重さであると言えるのではないでしょうか。体重がミギ足に多く掛かろうが、ヒダリ足に多く掛かろうが体重の総量は変化しません。筆者の場合、体重は約60kgですが、ミギ足一本で立っても、ヒダリ足一本で立ってもこの60kgという体重に変化はありません。

ところが、加重の数値は身体の使い方で変化してきます。ボクシングのパンチをイメージすれば分かりやすいかも知れません。プロ・ボクサーが身体の仕組みを効果的に使って繰り出すパンチの破壊力は、素人がチョイと打ち出すパンチの力とは比べものにならないほど強力ですね。つまり、加重という概念は総量が変動する動的なものと言えるのではないでしょうか。

分かってもらえないプロの気持ち

ところが、多くのレッスン書では体重と加重が区別されないまま使われているのではないかと思われます。レッスン書の著者はプロやプロ・コーチです。非常に優れた身体能力と感性に恵まれた人々であると言うことができると思います。こうした人達にとっては「体重移動」という言葉の中に体重と加重の両方の意味が含まれていると言うことは当たり前。改めて詳しく説明するまでもなくこの二つを身体が自然に区別出来ていると言うことだろうと思われます。ところがレッスン書を読む私達アマチュアにとっては残念ながら自明の理ではないのです。体重移動が大切と言われれば体重のことしか思いつきません。その言葉の中にまさか加重の意味合いが含まれているとは想像もできないことなのです（少なくとも筆者は長い間そうでした）。

プロのショットはプロ・ボクサーの強烈なパンチ

このことを具体的な例で見てみましょう。筆者の体重60kgをミギからヒダリに移動してみたところで筆者の体重が増えるワケではありません。60kgはどこまで行っても60kgです。けれども、同じ体重60kgのプロが放ったドライバー・ショットは筆者のそれを大きく越えて飛んでゆきます。どうしてこのような違いが出てくるのでしょうか。ヘッドの真芯でボールを捉えられているかどうかといった問題はありますが、たまたま筆者も真芯でボールを捉えることができたとしても飛距離に大きな差があります。これは何故なのでしょう。体重が全く一緒であれば、体重以外の別の要因があるはずです。その要因の一つが加重であると筆者は思っています。プロのドライバー・ショットはプロ・ボクサーが加重した強烈なパンチと同じなのです。

体重移動＝体重の移動＋加重

このことから、「体重移動」とは、体重の移動というそのままの意味だけではなくて、体重や身体の仕組みを活用して新たな力を加えること、つまり加重という意味を含んだ表現であることが分かるのではないでしょうか。体重移動＝体重の移動（正確には「重心の移動」ですが、ゴルファーが馴染んでいる「体重の移動」という表現を維持したいと思います。）＋加重だったのです。ですから筆者はこれから「体重移動」という言葉を「体重の移動」と「加重」とに分けて解説してゆきたいと思います。

ポイント1 体重の移動

まずは「体重の移動」から始めましょう。ゴルフ・スイングの各段階でどこに体重が掛かっているかを検証してゆきたいと思います。

確認作業1（シャドウ・スイングで）

読者ご自身の身体で実際に確認しながら読み進めて頂ければと思います。シャドー・スイングを行うつもりでアドレスして下さい。単純化のためにアドレスでは両足にほぼ均等の体重が掛かっているとします。アドレスからテイク・バックを始める。ヒダリ膝を折ることで身体が時計回りに回転します（**公式4**でしたね）。そして、ヒダリ肩甲骨の動き（上方回旋）によってトップに至ります。（テイク・バックからトップへの動きの詳細に関しては後述します。）その時、体重がどちらの足により多く掛かっているか確認して下さい。体重移動に関するこれまでの思い込みを一切捨てて、初めてシャドー・スイングをする子供のような心で確認して頂ければよく分かると思います。そうです。より多くの体重がヒダリ足に掛かっているハズです（このことは先に出てきました**公式3**によっても明らかです）。

確認作業2（プロのイメージを使って）

このことをプロのトップのイメージを見ながらもう一度確認しましょう。**図8**のトップを参考にしてください。トップでは、プロの身体の多くの部分が中心線のヒダリ側（目標方向）に移動していることが確認出来たでしょうか。トップで身体の多くの部分が中心線からヒダリ側に集まっているとすれば、その体重の多くがヒダリ足に掛かっているのは極めて自然なことです。

図8

ポイント2 トップ＝ミギ足体重は至難の技

さて、多くのレッスン書では、トップではミギ足体重になると説明されています。しかしながら、たった今確認して頂いたように、トップでは身体の大部分がヒダリ側に集まっています。身体の大部分の重さがヒダリ側に集まっているとも言えますね。レッスン書の説明を心静かに検討してみると、身体の多くの部分をヒダリ側に集めて、それにもかかわらず体重は反対側のミギ足に掛ける、ということはとても難しい芸当であることが分かります。このような芸当を実現するためには、中心軸を大きくミギ側に倒すか、あるいは身体の中で一番重い部分である頭をミギに傾斜させるしか他に方法はありません。しかし、このような意図的操作はバック・スイングにおけるミギへのスウェイを発生させてしまいます。

ポイント3 トップ＝ヒダリ足体重

これまで見て来たように**トップでは多くの体重がヒダリ足に掛かる、**それは人の身体の自然な結論です。ヒダリ足体重になっているのでその体重を支えるためヒダリ脚に緊迫感が生まれます。当地のプロが教えてくれたことはまさにこのことだったのですね。そして、ミギ脚にはヒダリ脚程の緊迫感は発生しません。ところが、トップ＝ミギ足体重という間違った常識がまかり通っているため、アマチュア・ゴルファーはトップでミギ脚に緊迫感がないと不安になってしまいます。これは身体の位置と体重の掛かり方の自然な関係をむりやり壊していることを意味します。何か不自然で意図的な操作を行わない限り、身体の多くの部分がヒダリにありながら体重はミギに掛かっているという曲芸は不可能なのです。トップが既に曲芸であれば、それに続くダウン、インパクト、フォローという動きはそれ以上の奇跡的曲芸を必要とするものになるでしょう。こんな曲芸を長丁場のゴルフで維持出来るハズがありません。スイングが一定しない最初の問題点はトップでの体重の掛かり方に関する誤解にあったのです。納得して頂けたでしょうか。

ポイント4 切り返し～フィニッシュまでの体重の掛り方

さて、トップ＝ヒダリ足体重から切り返してダウン・スイング、インパクト、フォロー・スイング、フィニッシュとなるわけですが、その時々で体重がどこに掛かっているか探ってみましょう。ここでも単純化のために腕やクラブの重さを考えないで身体の重さがどこに掛かっているか確認します。身体の中心軸に対して身体の大きな部分が左右均等に配分されているところで体重も左右均等になります。スイングで言えば、ダウンスイングでおおよそ腰が飛球線と平行になりヒダリ腕が地面に対してほぼ水平になった場所に相当するでしょう。

そこから腰がさらに回転すれば、身体の多くの部分が中心線のミギ側に来ます。ミギ脚の膝が微妙に折れ始めるポイントですね。身体の多くの部分がミギ側に寄ってミギ膝が折れると、体重はより多くミギ足に掛かり始めます（**公式3**）。そしてミギ足体重で（！）インパクト・ゾーンを迎えることになります。「ヘッド　ビハインド　ザ　ボール」と言うゴルフの最も大切な格言は、体重がミギ足にあってインパクトを迎えれば極自然な動きなのです。ボールの位置≒身体の中心線（勿論ドライバー・ショットではボールが更にヒダリ側に寄っています）とすれば、頭も中心線のミギ側に残って居るのが自然です。このことは**図9**のイラストを見て頂ければ明らかだと思います。そして、この事情はインパクト直後からフォロー・スイングの初期まで変わりません。そして、フォロー・スイングからフィニッシュまでは、クラブの遠心力と身体

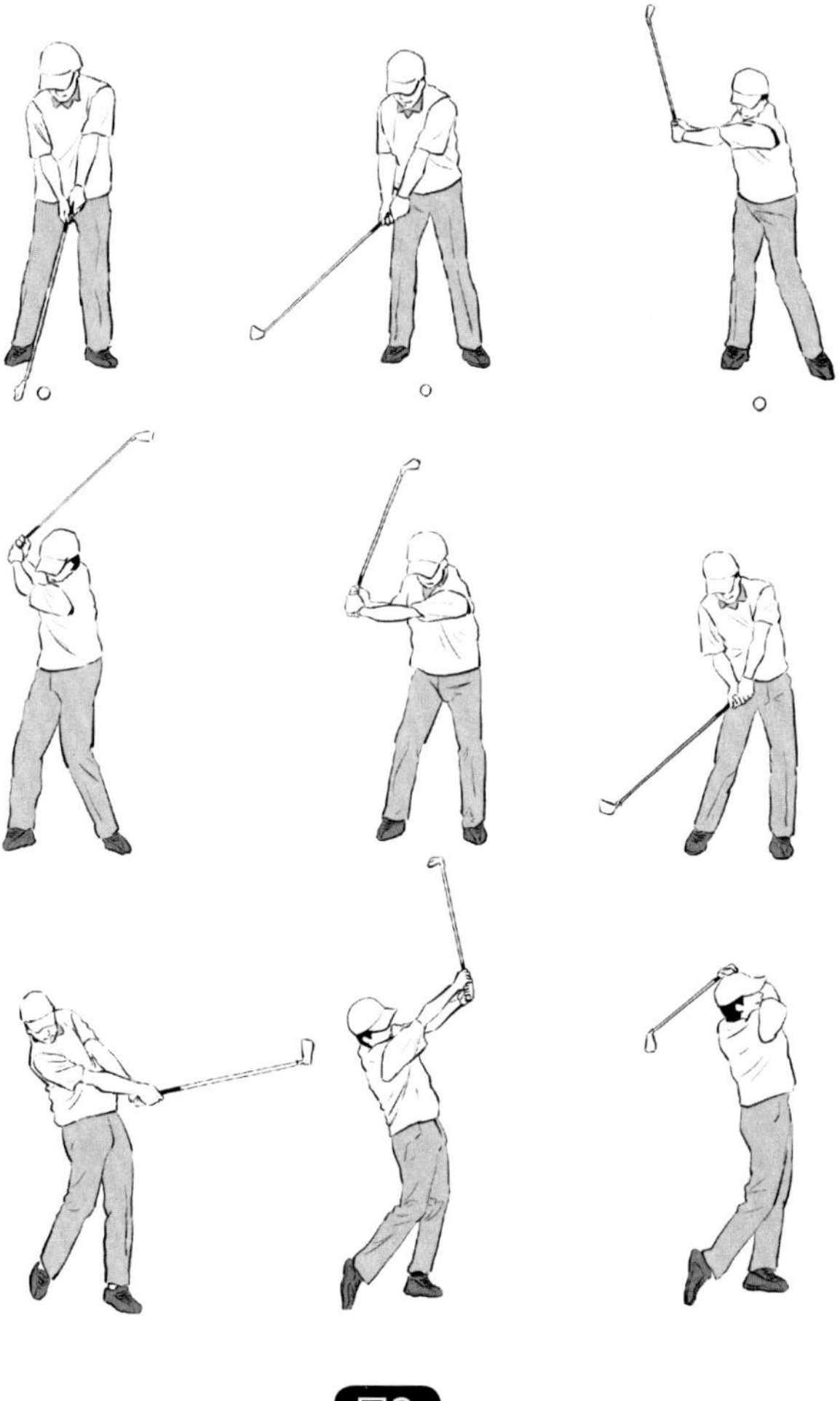

図9

の回転により順次ヒダリ足に体重が移り、フィニッシュでほぼ完全にヒダリ足体重となります。

以上のことをまとめれば、ゴルフ・スイングにおける自然な体重の移動は以下のようになります。**公式5**としておきます。

公式5

トップ ヒダリ足体重
切り返し〜ヒダリ腕地面と水平地点 ヒダリ足体重
ヒダリ腕地面と水平地点〜インパクト前後 ミギ足体重
フォロー〜フィニッシュ ヒダリ足体重

どうでしょうか。頭が混乱された方もおられるのではないでしょうか。フォロー〜フィニッシュのヒダリ足体重を除き、多くのレッスン書で説明されている内容とは全く逆の結論になってしまいました。しかし、筆者は身体の動きに伴う自然な体重の掛かり方はこの結論以外にないと確信しています。

多くのアベレージ・ゴルファーが体重移動という言葉に翻弄されていると先に述べました。繰り返しになりますが、プロやレッスン・プロは、従来慣れ親しんできた「体重移動」という言葉によって自らの経験と体感に基づき確認したスイングの核心を説明しようとしているのでしょう。しかし、プロやレッスン・プロの身体の使い方や感覚は、アマチュアのそれとは大きな隔たりがあります。同じ言葉を聞いても実際に理解する内容は異なっている可能性の方が大きいのではないでしょうか。多くのアマチュアがこの言葉の魔術にかかってプロでさえ不可能な身体の使い方をしようともがいているのが実情です。そして、この魔境から脱出できる呪文が「加重」です。

ポイント5 体重と加重との相関関係

それでは体重と加重とはどのような相関関係にあるのでしょうか。結論を先取りすれば体重の位置と加重の方向は逆になります。このことは簡単な確認動作を行ってもらえれば一目瞭然、スッキリと了解されるものと思います。まずは**図10**のように壁の近くに立ってもらいましょう。クラブは持たなくて結構、そのまま自然に立って頂きます。ゴルフではヒダリ方向にボールを飛ばしていくので、ヒダリ側（目標方向）に壁がくるようにします。ヒダリ腕を伸ばした距離に壁が来る感じですね。壁と身体の角度は直角で、そのまま前傾姿勢をとって手にクラブを握ればゴルフのアドレスになる姿勢です。さて、その姿勢からまずはヒダリ足に体重を乗せて下さい。ミギ足を浮かせて100%ヒダリ足体重にします。この格好でヒダリにある壁を思いっきり押してみてください。どう

図10

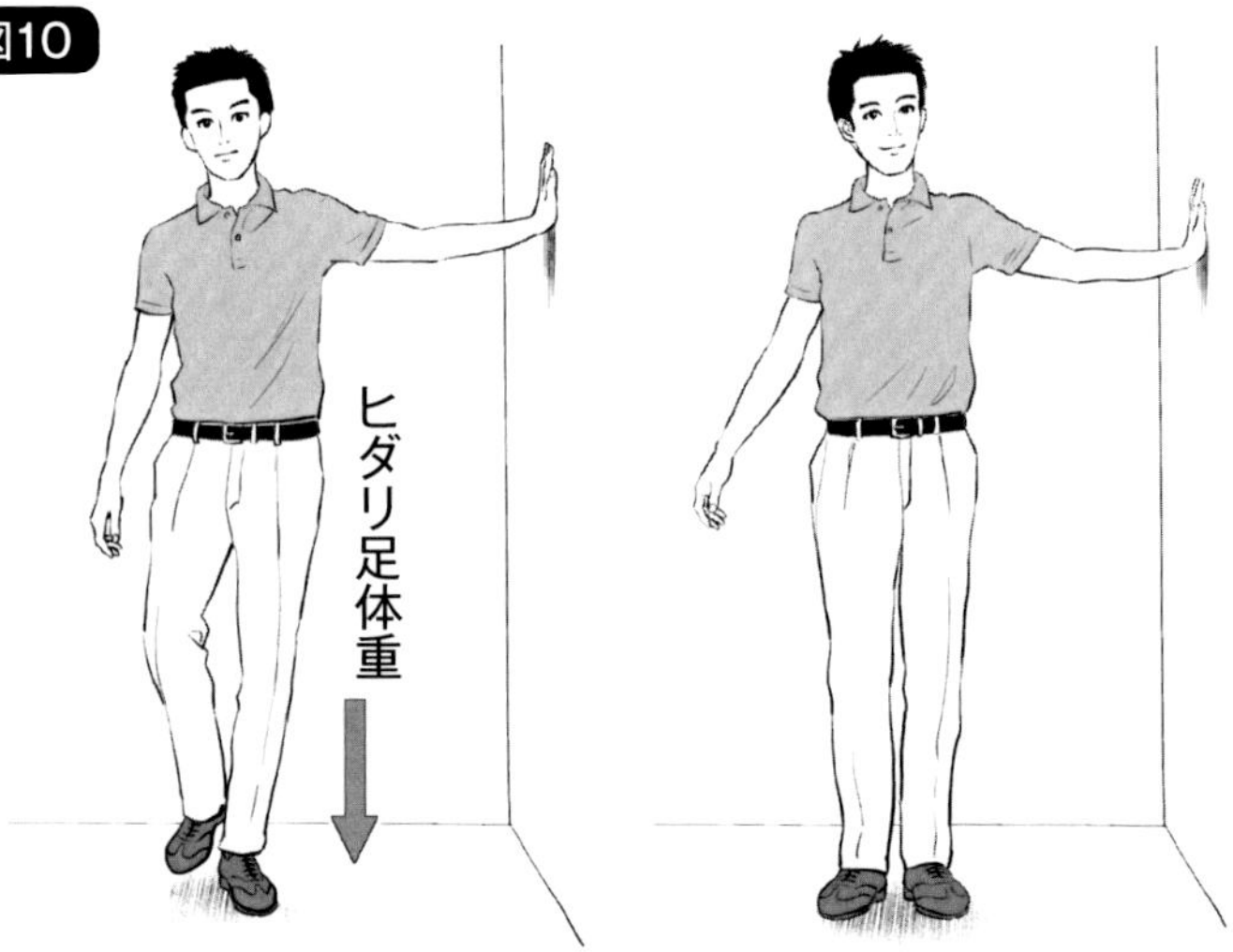

でしょうか、全く押せなかったハズです。無理に押そうとすれば中心線を極端にズラすか頭をヒダリに大きく傾ける以外に有効な手段はないと思います。

次に、100%ミギ足体重の姿勢を取ってみましょう。同じようにヒダリの壁を押して下さい。簡単かつ十分力を加えることが出来ることがお分かり頂けたでしょうか。人の身体の構造はそうなっているのです。ゴルフはボールをヒダリに飛ばして行くスポーツです。ヒダリに強烈にボールを押し出すためには、体重は

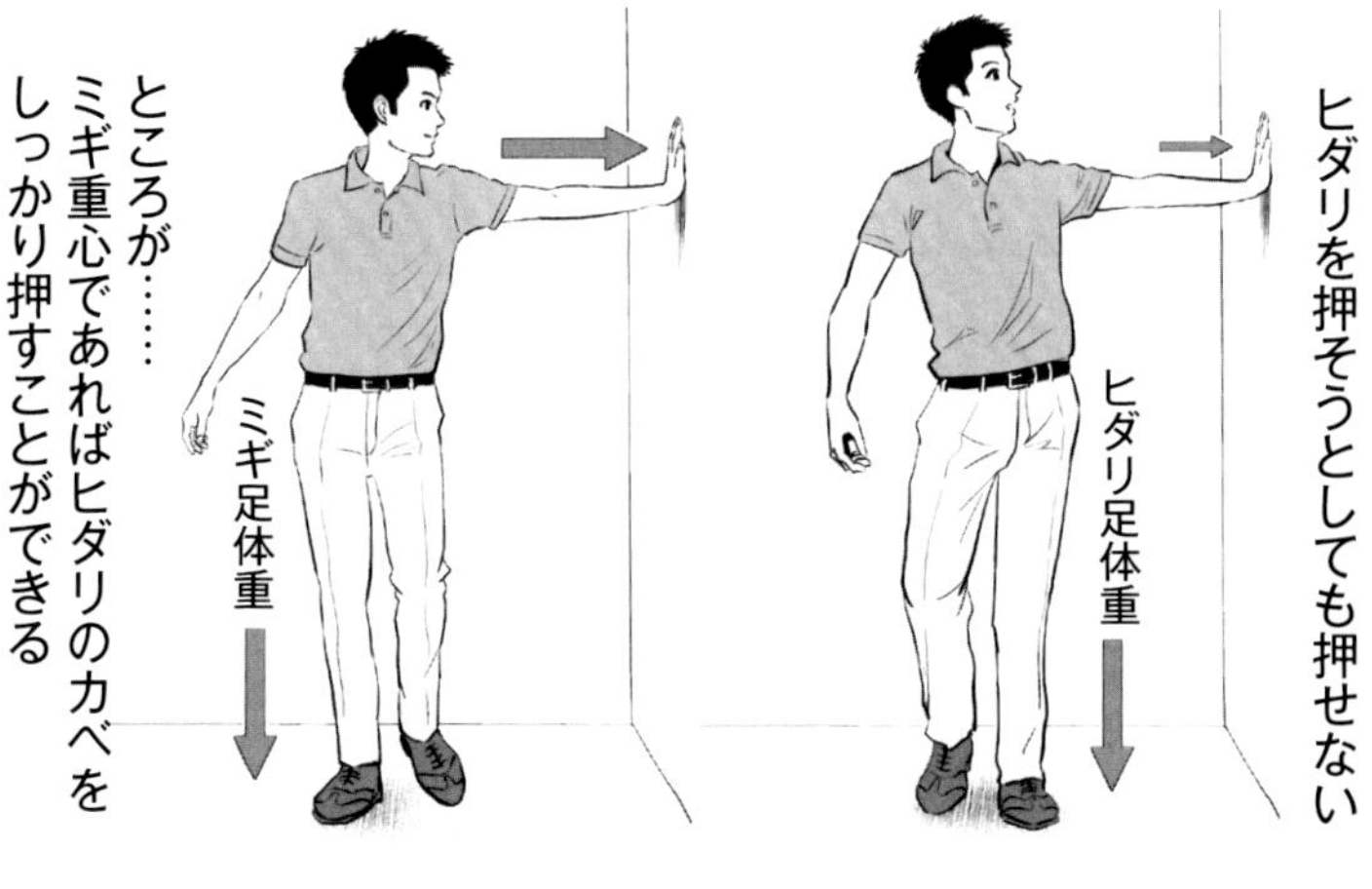

ヒダリを押そうとしても押せない

ところが……
ミギ重心であればヒダリのカベをしっかり押すことができる

必ずミギ側にならなければならないことがお分かり頂けたでしょうか。これを**公式6**として次のようにまとめておきます。

公式6

体重の位置と加重の方向は逆になる。即ち、ヒダリ方向に加重しようと思えばミギ足に体重がある。ミギ方向に加重しようと思えば体重はヒダリ足になければならない。

それでは、先程のゴルフ・スイングにおける自然な体重の移動に、この体重と加重との関係を合体させるとどうなるでしょうか。体重の移動に関するまとめ（**公式5**）は次のとおりでした。

公式5

トップ ヒダリ足体重
切り返し～ヒダリ腕地面と水平地点 ヒダリ足体重
ヒダリ腕地面と水平地点～インパクト前後 ミギ足体重
フォロー～フィニッシュ ヒダリ足体重

これに、今確認した体重と加重の相関関係を合体させと次のようになります。**公式7**としておきましょう。

公式7

トップ……ヒダリ足体重……ミギ方向加重

切り返し～ヒダリ腕地面と水平地点……ヒダリ足体重～体重均衡……ミギ方向加重～加重ゼロ

ヒダリ腕地面と水平地点～インパクト前後……体重均衡～ミギ足体重……加重ゼロ～ヒダリ方向体重

フォロー～フィニッシュ……ヒダリ足体重……加重ゼロ

いかがでしょうか。ここまで来れば、多くのレッスン書で強調されてきた「ミギ足に体重移動しながらトップを作り、切り返しからヒダリ足に体重移動しながらフィニッシュに向かい、フィニッシュでは完全にヒダリ足体重となる」という解説の本当の姿が見えて来るのではないでしょうか。つまり、**「ミギ足（方向）に加重しながら**

トップを作り（但し実際には、バックスイングにおける加重の意識はほとんどありません）、切り返しから加重ゼロ地点を経過した後、ヒダリ足（方向）に加重しながらフィニッシュに向かい、フィニッシュでは完全にヒダリ足体重となる」ということになります。

体重移動についての検討はこれで終わります。読者諸氏におかれては、ゆめゆめ体重移動という言葉をそのまま鵜呑みにされることなく、その言葉に含まれた真意を理解して正しいスイングの基礎を固めて頂きたいと思います。

Chapter
4

簡単テイク・バック～トップ

心に素直な腕や手ー体幹スイングの利点

これまでの章で、ゴルフ・スイングに関する基本的な公式が七つ出て来ました。この公式を使いながらスイングの実際を見てゆくことにしましょう。最初はテイク・バックです。テイク・バックの終点であるトップがどの位置にあるかによってその後のクラブの軌道が大きく影響されます。テイク・バック～トップの動きの大切さが分かります。

ところで、私たちの本能的な動きとして、何らかの不安があると腕や手を身体に近付けておきたいという傾向があるようです。腕や手を空に向かって大きく伸ばしている時には夢や希望に満ちあふれて不安がない時ですね。それとは反対に、自信がない時や不安を感じている時には腕や手で身体を包み込むような感じになります。これをテイク・バックで見てみると、慎重に打っていかなければならないというような不安がある時には腕が身体の近い所を通って、トップの位置が低く、また極端なインサイドになっていることが多いと思われます。その反動として回り込むようなスイングをせざるを得なくなり、こすり球やひっかけ、チーピンとなってしまいます。

このことからお分かり頂けるように、私達の腕や手は心の状態にとても反応しやすいのです。ですから、鉄の心を持っている特殊な才能のある人を除いて、手打ちによるスイングは弊害が多いということが言えると思います。特に私達のような週末ゴルファーにとっては、心の動きに比較的鈍感な体内の大きな部分を使う体幹スイングの方が好ましいのではないでしょうか。

テキトー・スイング理論

しかし、体幹スイング、あるいはボディー・ターン・スイングと言ってもレッスン書によりその主張は千差万別です。腕や手のことは全く考えないで良いという主張から、ボディー・ターンを有効に行うためには腕の正しい動きをマスターすることが不可欠という主張、あるいはその中間に位置すると思われる主張まであります。アベレージ・ゴルファーは結局何を信じれば良いのか分からなくなってしまいます。

そこで、テイク・バック～トップまでの動きについての具体的な説明に入る前に、スイング全体に関する筆者の考え方を簡潔にまとめておきたいと思います。次のとおりです。筆者のスイング理論は体幹スイングを基本としています。体幹スイングではありますが、意識的に操作する体の部分を必要不可欠最小限にするものです。その他の動きは、身体の構造についてのしっかりした理解（と言っても基本的に前章で出て来た七つの公式だけですのでご安心ください）を前提として、身体の自然な動きやゴルフ・クラブにお任せする、ある意味非常にテキトーなスイング理論と言えるでしょう。

テイク・バック～トップ：意識するところ―たった二つ

前置きが長くなってしまいました。さて、テイク・バック～トップまでの動きの実際です。テイク・バック～トップで意識的に動かして頂きたいところは、**ヒダリ膝とヒダリ肩甲骨の二か所だけ**です。腰や肩を回そうとか、体重を移動させようとかの余計な配慮は全く必要ありません。繰り返します。ヒダリ膝とヒダリ肩甲骨だけです。

具合的に見てゆきましょう。説明を分かりやすくするために、テイク・バック～トップを二つの部分に分けます。テイク・バックの始動からヒダリ腕が飛球線と平行になるところまでが一つ（これを「ゾーン1」としておきましょう）、それからトップまでが二つ目（「ゾーン2」）です。

ゾーン1＝ヒダリ膝

ゾーン1ではアドレスでの腕やクラブはそのままで、ヒダリ膝だけを意識して動かします。ヒダリ膝を折ってゆく動きになります。ここで、前章の**公式3**中心軸が維持されている時、体重は膝が折れる側に掛かる、と**公式4**中心軸が維持されている時、上体は膝が折れる向きに回転する、を思い出して下さい。ヒダリ膝を折ればこの二つの公式に従って体重がヒダリ足に掛り始め、同時に上体がミギ回転を始めます。ヒダリ足体重と上体のミギ回転は、意識しなくても身体の構造上自然にそうなってしまうものなのです。

余計な意識は逆効果

ゾーン1で意識的に行うことはヒダリ膝の折り込みだけです。このゾーンで腰を回すとか、ヘッドをまっすぐ低く引いて行こうとか、手首のコックを早めに行おうとか、ミギ脚の角度を変えないようにしようとか、ミギ側にスウェイしないようにしようとか心煩わすことは全く必要ないのです。そのようなことは**公式3**と**公式4**に従って身体がちゃんとやってくれます。逆に、複雑な注意点があると身体の自然な動きが邪魔されて正しいテイク・バックは出来なくなってしまいます。

なお、念のために補足しておきますと、身体のミギ回転とクラブ・ヘッドの遠心力によって自然に手首のコックが生まれますので、ことさら手首のコックを意識することもありません。それから以下は全くの老婆心ですが、丁寧に打っていこう（これは一種の不安です。不安な時は腕が身体に近づく原則でしたね）とすればするほどゾーン1で両腕を内側に引いてしまう傾向があります。そうするとフェースが開いた状態でトップを迎えてしまいますので注意が必要です。これを防止する一つの方法は、アドレスでのグリップのライ角を崩さないように注意しながらバック・スイングすることです。これは、最初の内は相当な違和感があります。そのようなことは身体の自然な動きに反する行為だからです。腕を身体に沿って巻きつけると手首も身体の方に折れます。これが身体の自然な動きなのですが、これをやってしまうと必ずクラブが開いて上がります。グリップのライ角を崩さないようにしてバック・スイングをすると、左手の下のふくらみに圧力がかかります。この圧力が感じられればちゃんとライ角を崩さずにテイク・バックできているということになるでしょう。チェックの参考にしてください。

上体は捻じらない

このゾーンで特に注意して頂きたいことが一つあります。それは上体を決して捻じらないと言うことです。ヒダリ膝の動きだけに任せれば上体が捻じれることはあり得ないのですが、これまで腰の回転主導でテイク・バックを行ってこられた方にとって最初は難しいかも知れません。しかし、上体に不要な捻じれが発生すると言うことは腰痛の原因にもなると思われますので注意が必要です。それに、腰椎や胸椎、頸椎の動きを確認しつつ上体を捻じり上げてテイク・バックを行うことは可能ですが、切り返しからフィニッシュまでの一瞬の間にこれらの動きを逆になぞりながらスイングすることは不可能です。

必要不可欠最小限

筆者はスイングの全体を通じて意識すべきところは必要不可欠最小限であるべきだと思っています。それも同じところを意識すれば足りるのであればそれに超したことはありません。少し話を先取りすることになりますが、スイング全体を通じて**意識すべきところはヒダリ膝とヒダリ肩甲骨のたった二つ**しかありません（それに、この二つは緊密に連動していますから最終的にはヒダリ肩甲骨の一つだけと言うことになります）。テイク・バックもこの二つ、切り返しからフォローまでもこの二つです。さらに、ドライバー・ショットからアプローチ、パターまで同じです。

連動作業の邪魔はしない

ところで、ヒダリ膝、ヒダリ肩甲骨が出てくれば、ミギ膝、ミギ肩甲骨はどうなんだ、と言う疑問が出てきます。その疑問は当然ですが、身体は連動しているということに全幅の信頼を置きます。つまり、ヒダリ膝と肩甲骨がちゃんと動けば、身体は連動しているのでミギ膝、肩甲骨もちゃんと動くのです。ただ、そのために重要なことはミギ膝、肩甲骨の動きを勝手な意識で邪魔しないことです。

例えばフォロー・スイングでヒダリ肩甲骨の下方回旋とヒダリ膝の伸長でクラブが振られて行くわけです（これは後で説明することになります）が、この時更にミギ腕を伸ばしてヘッド・スピードを上げよう（つまりミギ肩甲骨の上方回旋を強くしよう）と言うような余計な意識的動きを加えれば、その途端にスイングが崩れてしまいます。ですから、一番い良いことは彼ら（ミギ膝、ミギ肩甲骨）のあるがままにしてあげる、彼らの自由を尊重してあげる、つまり私達のかけがえのない身体の不思議な仕組みに全幅の信頼をおくことなのです。

ゾーン2 = ヒダリ肩甲骨単独行動

ゾーン2の主役はヒダリ肩甲骨です。ヒダリ肩甲骨の上方回旋によってクラブがトップまで運ばれることになります。このゾーンでは肩甲骨から先だけが動いているイメージです。両膝や上体の目立った動きはありません。ヒダリ肩甲骨の動きに連動してミギ肩甲骨も当然動きます。しかし、それは身体が自然にやってくれていることなので意識しません。では両腕はどうでしょうか。ここで前章の**公式1**が機能します。

公式1

肩甲骨の上方回旋↕(同じ側の)腕の内旋↕胸骨の反対側への傾斜※
肩甲骨の下方回旋↕(同じ側の)腕の外旋↕胸骨の同じ側への傾斜※
※中心軸を維持した前傾姿勢の場合、この胸骨の傾斜が回転運動に転換される

この公式に従って、ヒダリ肩甲骨が上方回旋すればヒダリ腕が内旋します。（ミギ肩甲骨は反対に動きます。つまり、ミギ肩甲骨が下方回旋してミギ腕が外旋します。）さらに胸骨の傾斜が前傾姿勢の恩恵を受けて上体の回転を若干深くします。この一連の動きによってクラブは滑らかに運ばれてトップに至ります。

テイク・バックの実際

テイク・バックからトップまでの動きを説明のための方便としてゾーン1とゾーン2に分けましたが、実際の動きではその様な区別は無く、スムーズな一連の動きです。その際に参考になるのが前章の**公式2**です。

公式2

肩甲骨の上方回旋 ↕ （同じ側の）膝が折れやすくなる
肩甲骨の下方回旋 ↕ （同じ側の）膝が伸びやすくなる

つまり、ゾーン1でヒダリ膝を折る動きは無意識の内にヒダリ肩甲骨の上方回旋を誘導していたと言うことです。ヒダリ肩甲骨はゾーン1の段階で既に上方回旋の準備が整っていて、ゾーン2で更に上方回旋すると言うことになります。ですから、ゾーン1とゾーン2を通じて同じ延長線上にある動きが継続しており、滑らかなテイク・バックを実現していると言うことになります。

Chapter 5

切り返しもヒダリ肩甲骨で

微妙で大切な動き

次はゴルフ・スイングでもっとも微妙で大切と言われている切り返しの動きです。アベレージ・ゴルファーのほとんどが切り返しでグリップが正常なスイング・プレーンの外側に出てしまっています。そうするとクラブの軌道はアウトサイド・インにならざるを得ません。そのままスイングすればスライス、手先で合わせてゆけばヒダリへの強烈なひっかけとなります。

手打ちによるミス

では、どうしてグリップが外側に出てしまうのでしょうか。大きく分けて二つの理由があると思われます。一つは手打ちです。手でボールを打ちに行こうと言う気持ちが強いと、人間には目標に向かって手を伸ばす「悲しい」習性があるので、どうしてもグリップを身体の前方に押し出してしまいます。

手先でボールを打ちに行こうとするとクラブの軌道がアウトサイド・インになるだけではなく身体がかぶってしまう大きな要因となります。どうしてそうなってしまうのか、先程の**公式1**を使って説明しておきたいと思います。

> **公式1**
>
> **肩甲骨の上方回旋↕(同じ側の)腕の内旋↕胸骨の反対側への傾斜※**
> **肩甲骨の下方回旋↕(同じ側の)腕の外旋↕胸骨の同じ側への傾斜※**
> ※中心軸を維持した前傾姿勢の場合、この胸骨の傾斜が回転運動に転換される

ここでは、公式1の最初の部分だけを順序を少し入れ替えて使います。つまり、腕の内旋↕(同じ側の)肩甲骨の上方回旋↕胸骨の反対側への傾斜、となります(なお、手先でボールを打ちに行こうとするとどうしても中心軸が崩れることになりますから、この公式の※印の内容は当てはまらなくなります)。さて、これを具体的な動きに当てはめてみましょう。手先でボールに向かうと、特に利き手のミギ手の動きが中心になるので、ミギ腕の内旋→ミギ肩甲骨の上方回旋→胸骨のヒダリ(飛球線方向)

傾斜と言うことになります。ですから、手先でボールを打ちに行けば、その心と骨格連動との相互作用で、どうしても上体が飛球線方向にかぶってしまうことになります。

ボディー・ターン・スイングの構造的弊害

ボディー・ターン・スイングでは事情が少し異なっています。ボディー・ターン・スイングには、トップから「そのまま」身体を回してスイングするとグリップが外側に押し出されてしまうという構造的な弊害が隠されています。前章のゾーン1までのハーフ・スイングであればその弊害は余り出て来ません。しかし、バック・スイングがゾーン2まで進んでいる場合にはある調整を行わないでそのまま切り返しを行ってしまうとグリップが外側に押し出されることになります。何故でしょうか。ゾーン1とゾーン2との違いを確認すればその理由が良く分かります。

肩甲骨上方回旋による伸び

ゾーン1では上体の回転と肩甲骨の上方回旋とが大きな誤差なく同時に進行しています。ところが、ゾーン2に入ると上体の回転は終了しているのですが、肩甲骨の上方回旋は一層強調されます。それだけグリップが伸びていると言えばイメージし易いでしょうか。ゾーン1における上体とグリップの間隔よりも、ゾーン2では肩甲骨が上方回旋した分だけその間隔が広がっているのです。ゴルフでは前傾姿勢を取っているためこの差を実感することは難しいですが、**図11**のような簡単な確認動作でこの事実が分かりま

図11

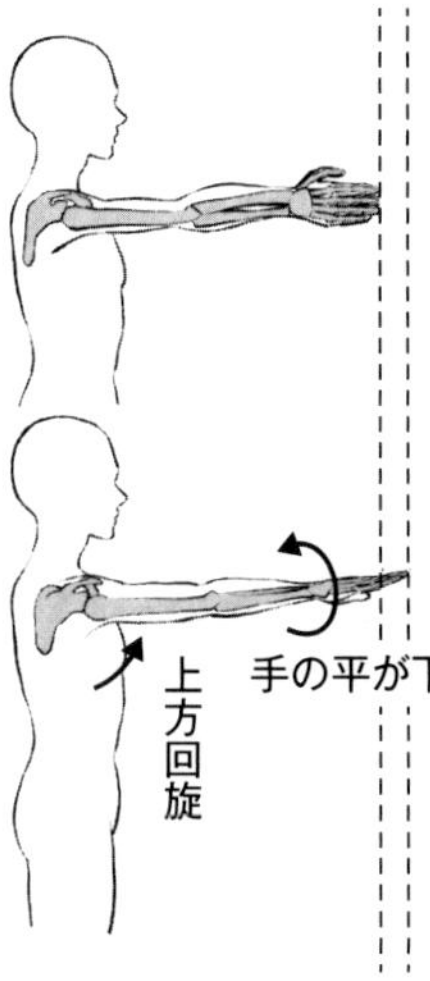
肩甲肩を上方回転させながら腕を伸ばすと手の位置がこれだけ変わってくる
手の平が下を向く

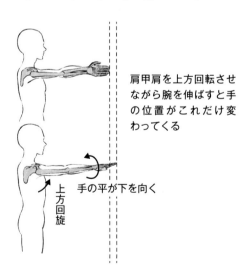

す。ですから、切り返しでこのグリップの「伸び」を何らかの動作で調整しなければグリップは当然前方に押し出されることになります。

難しい従来の調整法

ボディー・ターンに基づくレッスン書で「切り返しでは上体をトップの位置に残したまま腰を回してゆく」、あるいは「トップに至る直前で腰を回し始める」と言うふうに指導されているのは、この調整を行うためです。しかしながら、こうした調整法は極めて優れた身体能力を持っている限られた人達、あるいは毎日十分な練習ができる恵まれた人達でなければとても習熟できるものではないと思われます。人体の構造上、肩だけ残して腰を回すことや、方向性が１８０度違う動きを同時に行うことは容易ではないからです。

そこで本章では、ボディー・ターン・スイングに内在するこの問題を、ご高齢者でも普通の月一ゴルファーでも簡単に解決できる方法を提案したいと思います。これから具体的に説明してゆきましょう。

ポイントはやっぱりヒダリ肩甲骨とヒダリ膝

切り返しのポイントもテイク・バック同様ヒダリ肩甲骨とヒダリ膝の使い方にあります。ゴルフ・スイングは単純なことが第一であると筆者は思っています。スイングの各段階でそれぞれ身体の別の部分を意識しなければならないようでは安定したショットを続けることはできません。筆者のスイング理論ではスイングの全行程を通じて意識するのは最大二か所だけです。ヒダリ肩甲骨とヒダリ膝、それだけです。さらにこの二つも動きの速い切り返し以降では両者が私達の身体に自然に備わっている骨格連動によって**かってに連動して動く**ので意識するのはヒダリ肩甲骨一つだけという極めて単純なスイングになります。

切り返し＝ヒダリ肩甲骨の下方回旋

それでは切り返しの動作を始めましょう。切り返しの動作は一瞬です。その一瞬で注意しなければいけないことは一つだけです。グリップを前に押し出さないような動きをする。そのために一番簡単なことはテイク・バックで行った動作の逆を正しく行うことです。具体的には前章のゾーン2におけるヒダリ肩甲骨上方回旋の真逆を行うと言うことに尽きます。つまり、**ヒダリ肩甲骨の下方回旋で切り返しを始めます。**

切り返し＝ヒダリ肩甲骨の下方回旋というとびっくりされるかも知れません。馬鹿げていると思われる方もおられることでしょう。切り返し＝下半身主導が強固な常識となっているからです。しかし、この常識は誰にとっての常識なのでしょうか。プロやプロ・コーチという特殊な能力を持っている人達にとっての常識なのではないでしょうか。何度も繰り返しになって恐縮ですが、私達アベレージ・ゴルファーとこうした人達とは身体能力に大きな差がありますし、ゴルフ環境も大変違っています。彼等は下半身主導で切り返しを行っても、同時にトップの位置を維持できる人達なのです。しかし残念ながら私達には難しい。ですから私達の新しい常識を作る必要がある、と筆者は思うのです。この新しい常識のメカニズムを次に説明したいと思います。

ヒダリ肩甲骨下方回旋→ヒダリ膝伸長+上体のヒダリ回転

まずは切り返しからフォロー・スイングまで私達の身体がどのように連動しているかという全体像を検討した後に、切り返し最大の問題点である「グリップの伸び」調整がどのようなメカニズムで**自然に**行われているかを見てゆきます。

ここで使うのは**公式1**、**公式2**、**公式4**です。以下再掲します。

公式1

肩甲骨の上方回旋↕(同じ側の)腕の内旋↕胸骨の反対側への傾斜※
肩甲骨の下方回旋↕(同じ側の)腕の外旋↕胸骨の同じ側への傾斜※

※中心軸を維持した前傾姿勢の場合、この胸骨の傾斜が回転運動に転換される

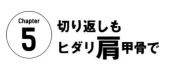

公式2

肩甲骨の上方回旋 ↕ （同じ側の）膝が折れやすくなる
肩甲骨の下方回旋 ↕ （同じ側の）膝が伸びやすくなる

公式4

中心軸が維持されている時、上体は膝が折れる向きに回転する

まず**公式2**を使いましょう。この公式に従ってヒダリ肩甲骨が下方回旋すればヒダリ膝が伸びやすくなるということが分かります。次に**公式1**に従ってヒダリ肩甲骨の下方回旋は胸骨のヒダリ方向への傾斜＝前傾姿勢の恩恵を受けて上体のヒダリ方向（飛球線方向）への回転を発生させます。さらに**公式4**によっても上体がヒダリ膝方向（飛球線方向）に回転することが分かります。また、ダウン・スイングのような加速運動ではこのような連動が強調される傾向があります。

少しややこしくなったでしょうか。公式を抜きにして簡単に書きなおせば次のようになります。ヒダリ肩甲骨を下方回旋させる動きは私達の身体の構造によって自然にヒダリ膝の伸長と上体の強力な飛球線方向への回転を発生させる、ということになります。レッスン書で強調されている下半身主導によるボディー・ターンと同じような身体の動きがヒダリ肩甲骨の下方回旋という単純な動きだけで図らずも達成できたことになります。(今、同じような身体の動きと書きました。当たり前ですが全く同じではないと言うことです。実は下半身主導による切り返し～ダウン・スイングまでの動きには相当高度なテクニックが使われており、アベレージ・ゴルファーには非常に難しいのですが、これについてはまた後で説明します。)新しい常識はご理解を得られたでしょうか。

「グリップの伸び」調整メカニズム ― 骨格連動のあそび

それでは切り返し最大の課題である「グリップの伸び」調整が、ヒダリ肩甲骨主導による切り返しを行うことでどのようなメカニズムによって自然に解決されているかを見てゆくことにします。

そのためにはまず、先程の公式に出て来ている肩甲骨と膝、胸骨との関係をもう少し細かく理解して頂くことがどうしても必要になります。そんなに難解なことではないのでしばらくお付き合い下さい。一言で説明すれば、肩甲骨と膝、胸骨の連動には適切な「あそび」があると言うことです。車のハンドルのあそびと同じような感じです。ハンドルのちょっとした動きに即座に反応してしまう車の運転はとても神経を使うものになるでしょう。

バック・スイングのゾーン2におけるヒダリ肩甲骨の上方回旋も肩甲骨とその他の骨格との「あそび」を使っています。ですから、このゾーンでは肩甲骨だけ（勿論その先の腕やクラブは動きますが）が動いているように感じるわけです。もうお分かり頂けたでしょうか。切り返しの開始直後からあるポイントまでは、ヒダリ肩甲骨と他の骨格との「あそび」を使ってヒダリ肩甲骨だけが下方回旋しているのです。あそびを使うことで「グリップの伸び」を解消していることになります。そして、そのあるポイントに到達した途端に肩甲骨と他の骨格との骨格連動のスイッチがぴたりと入ります。その後は、さきほど説明したとおりの骨格連動が始動することになります。以上が、ヒダリ肩甲骨主導切り返しの「グリップの伸び」調整メカニズムです。意識的に調整しようと思わなくても、ヒダリ肩甲骨を下方旋回させて切り返せばこの「あそび」の恩恵でオートマチックに調整が出来てしまうと言うことです。

骨格連動スイッチ・オンの確認

以上のことを御自身の身体で実感して頂きたいと思います。**図12**のように自然に直立したところからミギ腕をミギ手の平を上に向けて肩のレベルまで身体の横に上げてゆきます。上げきったら次に腕をだんだん下に降ろしてゆきます。**ミギ手の平は上に向けたままま**です。そうすると、あるところで腕をそれ以上降ろすことが難しくなるポイントがあることが確認できたでしょうか。それは角度約30度（下から見て）のポイントになっているはずです。この位置で肩甲骨とその他の骨格との連動スイッチがカチっと入るのです。このポイントを過ぎて腕を更に降ろそうとすると、腰がヒダリにスライドします（実際のスイングでは前傾姿勢の恩恵を受けてこのスライドが回転に転換されます）。

実際のスイングでもミギ手の平は上を向いていますね。ですから実際のスイングでもこの動きと同じことが起きているのです。（ただし、実際のスイングのようにミギ肘が折られていると、このポイントが角度約45度（下から見て）と言う、より速い段階で訪れます。）ところが、この確認動作でミギ手の平を下に向けると骨格連動は起こりません。そのまま腕を体側まで降ろしてゆくことができてしまいます。ミギ手の平を下に向ける動き、これはスイングに当てはめるとミギ手でクラブをボールに合わせに行く

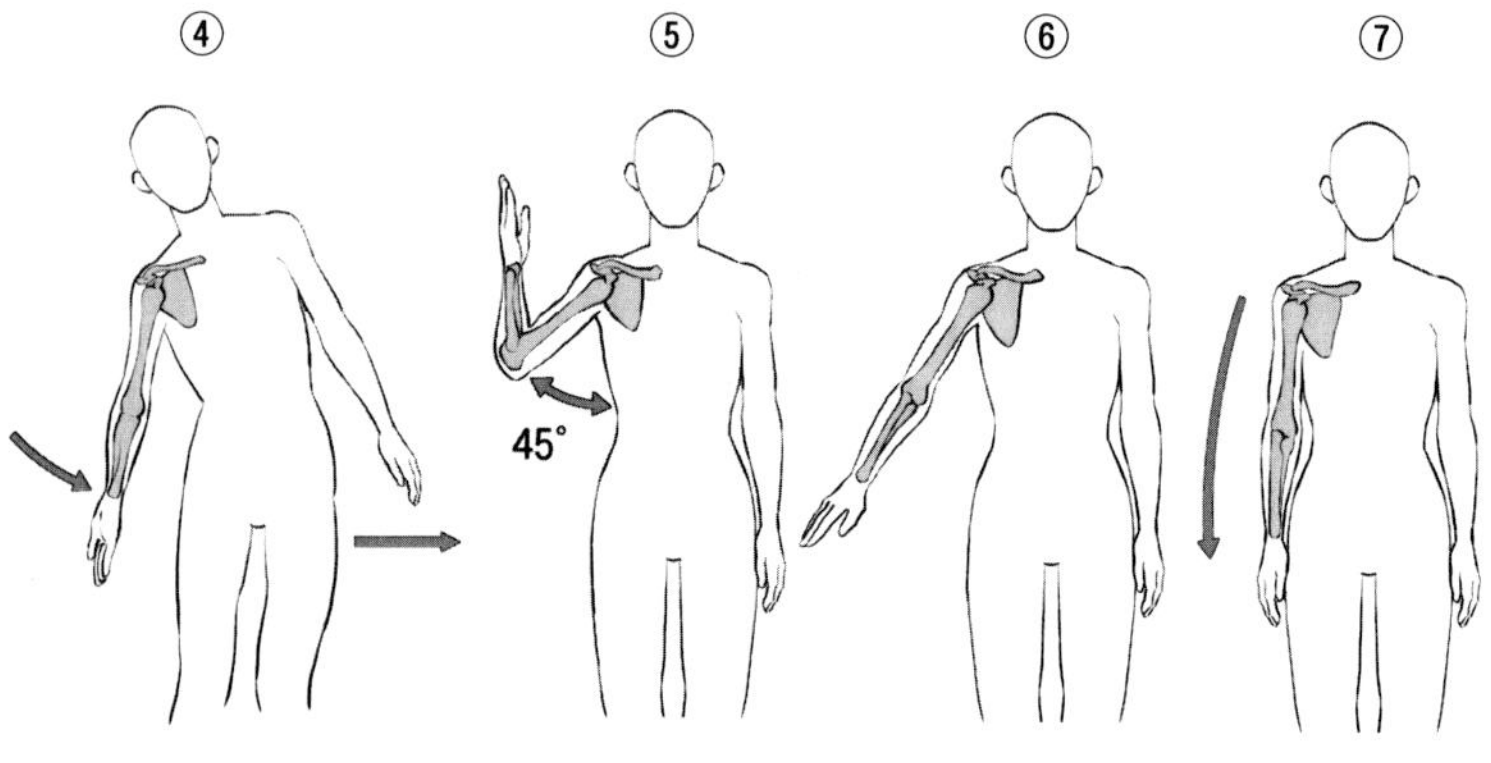

動きです。これでは上体との骨格連動が使えなくなりますので、腕だけでクラブを振らなければなりません。これも手打ちスイングの弊害の一つと言えるでしょう。

切り返しからの自然落下も当たり前

実は、先程の「あそび」は腕を肩のレベルから降ろしてきて骨格連動スイッチがオンになるこのポイントまでのことを言っていたのです。この事実はまた、切り返しからの「自然落下」、あるいは「空白の一瞬」と神秘的に語られてきたスイングの極意の種明かしをするものでもあります。肩甲骨がこの「あそび」の範囲を移動する間は何の抵抗も受けませんし、他の骨格と

図12

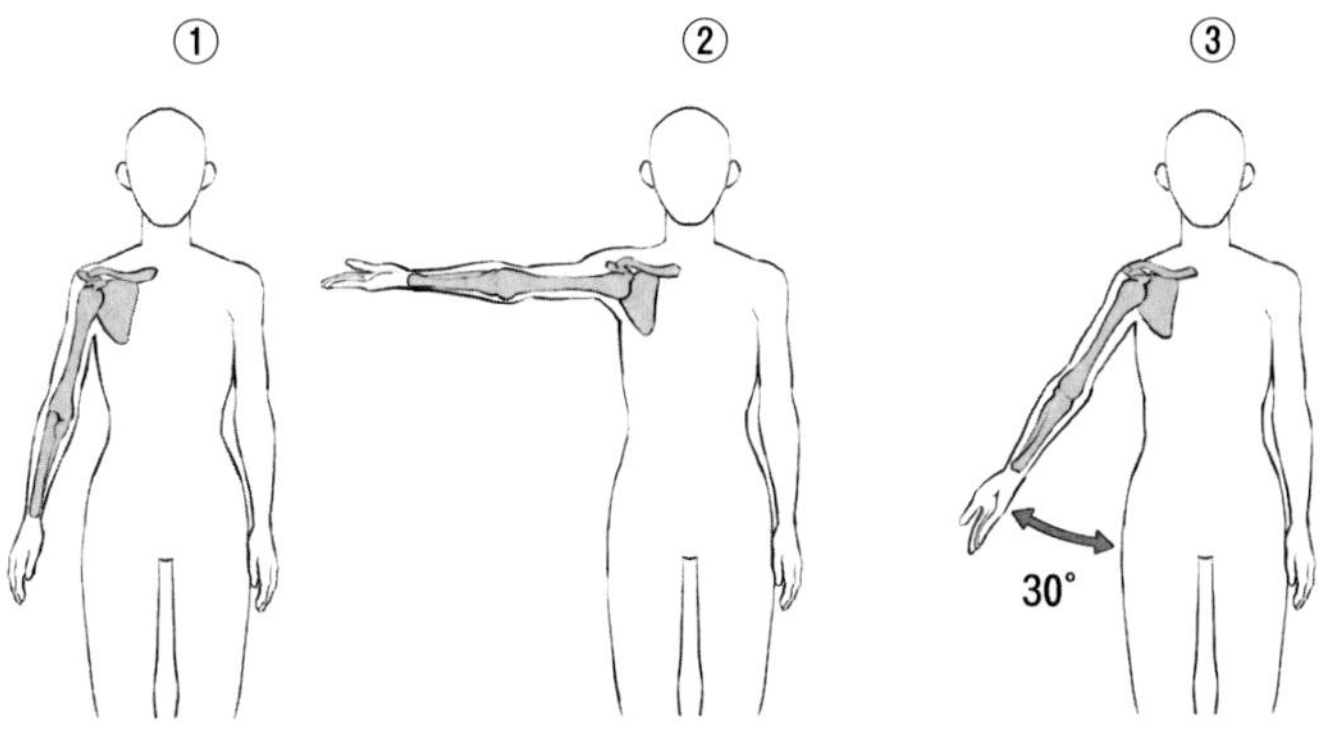

の連動も発生しないので「空白」と感じられるのでしょう。しかし、ヒダリ肩甲骨主導切り返しではこの「自然落下」や「空白」も意識下で簡単に実行できる当たり前の出来事になるのです。

ヒダリ肩甲骨主導切り返しの利点

ところで、「グリップの伸び」調整は骨格連動のあそびによるものであれば、従来の常識である下半身主導による切り返しでも同じようなことが起こっているのではないか、そうだとすればヒダリ肩甲骨主導切り返しという奇妙な考えを持ちだしてくる意味はないのではないか、とのご指摘を受けるかも知れません。

もっともなご指摘だと思います。しかし、筆者はこの新常識の方がシンプルで無理がないものであると確信しています。理由は以下のとおりです。

従来の下半身主導切り返しではどうしても二つのことを同時に意識する必要があり

ます。一つは腰の回転。もう一つはトップの維持です。骨格は連動していますから腰の回転が始まれば肩甲骨もその動きに引きずられます。肩甲骨がそのまま引きずられると、先程の「グリップの伸び」が維持されたままダウン・スイングに入ってしまうことになります。ですから何かの方法で肩甲骨が引きずられることを阻止する必要があります。腰を回して行こうという意識を持つのと同時に肩甲骨が引きずられないようにしようという意識を持つ必要があります。一方は動きに関する意識、他の一方は静止に関する意識です。性質が全く反対の二つの意識を同時に持つことは大変です。

問題はこれだけではありません。肩甲骨が引きずられないようにするためには肩甲骨のあそびを強制的に拡大することが必要になると言うことです。ほとんど限界まで伸びきっているゴム紐を更に強制的に引き延ばすようなものです。このような動きは身体の自然な骨格連動に非常に大きな無理をさせているということになります。(プロのプロたる所以、またその驚異的飛距離の秘密はこうしたところにあるのかも知れませんね。しかし、無理な動きであるだけに些細なタイミングのずれで大きなミスを誘発させてしまう危険性があります。)

これに対して、ヒダリ肩甲骨主導切り返しでは、ヒダリ肩甲骨を下方回旋させることだけを考えれば、後のことは身体の仕組みがかってに、また適切にやってくれます。肩甲骨のあそびを強制的に拡大する必要もありません。引き延ばされたゴム紐をもとに戻してあげる方向に動かすだけです。更には、クラブをスイング・プレーンに正しく乗せるためにはクラブに近い肩甲骨を意識する方が、クラブからはるかに遠い脚や腰を意識するよりも簡単です。新常識に基づくスイングは至ってシンプルで、また身体にも優しいスイングだと言うことがお分かり頂けたでしょうか。

ヒダリ肩甲骨主導切り返しの実際：注意点

さて、ここでヒダリ肩甲骨主導切り返しによるスイングを実践する上での幾つかの注意点を説明しておきたいと思います。

まず、実際のスイングでは、肩甲骨のあそびを使った切り返しの初動はここまで、それからは骨格連動による動きになる、というような区分けはしないで頂きたいということです。肩甲骨の下方回旋と同時にヒダリ膝が伸長を開始するというイメージ（実際、微妙に連動しています）で結構です。肩甲骨のあそびは身体がかってに活用してくれますので特別意識する必要はありません。

ヒダリ肩甲骨主導と言うと、初めの内は肩甲骨ではなく手先（グリップ）に意識が向かいがちです。これでは完全な手打ちスイングになってしまいます。むしろ、腕の代わりに肩甲骨から意識が届かない棒のようなものが付いているぐらいの感じでしょうか。肩甲骨の動きにつられてその棒が動くというイメージです。

正しいヒダリ肩甲骨主導切り返しでスイングすれば、中心軸（頸椎7番です）が飛球線方向に持っていかれる危険性は格段に少なくなりますが、ゴルフは精神的なスポーツですから何が起こるか分かりません。補助的に中心軸維持（特に飛球線方向に動かさない）の意識を持つことをお勧めします。

下半身主導ボディー・ターンの高度なテクニック

この章を終わるに当たって、先に少し触れました下半身主導によるボディー・ターン・スイングの高度なテクニックについて説明しておきたいと思います。下半身からターンを始めるためには回転の軸になるところを身体のヒダリ側に持ってくる必要があります。これは、ヒダリ一軸スイングであれば大きな問題はないのですが、いわゆる体重移動を伴ったスイング理論ではトップでミギ足にかかった体重を切り返しでヒダリ側に移動させなければいけません。体重を移す動作（平行移動）とその体重移動で作られたヒダリ側の回転軸を中心とする回転運動をほぼ同時に行う必要があることになります。しかしながら私達の身体は平行移動と回転運動を同時にこなせるほど器用ではないのです。微妙なズレがどうしても出てしまいます。このズレをなくすためには、それこそ血のにじむような訓練が必要になると思われます。

こう書くと、体重移動は下半身の回転によって自然に行われるので体重移動は考えなくても良いという反論がありそうです。しかしながら、これまで確認してきたように中心線のミギ側に身体の多くの部分が来ているフォロー・スイングの初めまで下半身が回転しても体重はミギ側に残っているという事実があります。ですから、切り返しの段階で体重をヒダリ側に移すことは極めて高度なテクニックを使わない限り難しいと、筆者は思います。

Chapter
6

インパクト〜フォロー・スイング、フィニッシュ
— 余計な意識は捨てましょう

インパクト前後からフォロー初期まで（インパクト・ゾーン）の動き

ヒダリ肩甲骨の下方回旋によって切り返しからインパ・クトゾーンまでクラブが降りてきました。インパク・トゾーンではヒダリ肩甲骨とヒダリ膝の連動で上体が飛球線方向に回転しています。しかし、**身体の多くの部分はまだ中心軸のミギ側にあるため体重はミギ足に掛かっています。このミギ足体重を利用して飛球線方向に強い加重を行うことができます。**

この状況は、インパク・トゾーンが終了してフォロー・スイングの初期まで継続します。より正確には身体の回転、クラブの遠心力、クラブ・ヘッドの回転力によってヒダリ腕が外旋を始めるポイントまで継続すると言うことができるでしょう。別の言い方をすれば、スイングの最下点直前のポイントです。このポイント以降、体重がヒダリ足に移動します。決してその前ではありません。**公式7**でしたね。以下に再掲しておきます。

図13

公式7

トップ　ヒダリ足体重　ミギ方向加重

切り返し～ヒダリ腕地面と水平地点　ヒダリ足体重～体重均衡

ミギ方向加重～加重ゼロ

ヒダリ腕地面と水平地点～インパクト前後　体重均衡　ミギ方向加重

加重ゼロ～ヒダリ方向加重

フォロー～フィニッシュ　ヒダリ足体重　加重ゼロ

(図13を参照して下さい。)

三つの思い込み

ヒダリ肩甲骨主導切り返しによってグリップを前方に押し出すことなくダウン・スイングができたとしても、ヒダリ足（飛球線方向）に体重移動を行いながらボールをヒットするんだという思い込みがあるとショットは安定しません。これが第一の思い込みで、その問題点は先に見てきたとおりです。さてインパクト・ゾーンで、もう二つの間違った思い込みが私達の思考回路に食い込んでいます。こうした思い込みがあると特にアイアン・ショットでのダフリ、引っかけの原因となります。そこまでのミスにならなくても、番手毎のボールの高さを出すことが難しくなります。アプローチ・ショットでは更に悲惨な結果となります。一つはスイング・イメージ、もう一つはヒダリ脇の締めに関する思い込みです。一つ一つ見てゆきましょう。

スイング・イメージ

ポイント1 ハンド・ファーストとチャンバラ遊び

インパクト・ゾーンでのスイング・イメージで最も大切なことはハンド・ファーストという概念だと思います。多くのレッスン書でハンド・ファーストの重要性が説かれています。プロのインパクト写真を見ても一目瞭然ですね。しかし、実際のスイングではこれが意外に非常に難しい。どうしてでしょうか。その原因をさぐってみましょう。

ハンド・ファーストが大切だと言うことは頭では納得出来ています。ところが、同じ頭の中に、ハンド・ファーストとは全く相容れない別の強固なイメージが定着しているのです。身体はこのイメージに従って動いてしまいます。ですから、このイメージを変更しない限りハンド・ファーストを実現することはとても難しいということになります。

それでは私達の頭の中にどのようなイメージが定着しているのでしょうか。それは子供の頃から慣れ親しんだ野球やソフトボールのイメージ、あるいはチャンバラ遊びの時のイメージなのだと言えば納得頂けるでしょうか。私達は、両手で持った長い棒を野球ボールや、友達の頭（穏やかではないですが）目がけて真っ直ぐ伸ばして行かなければちゃんと当たらないと言う経験を何度も繰り返してきました。そして今、ゴルフ・クラブと言う長い棒を持つとこの感覚が本能のように蘇ってくるのです。

ポイント2 ハンド・ファーストはカマのイメージ

それではゴルフ・スイングの正しいイメージであるハンド・ファーストはどのようにして作り上げたら良いでしょうか。そのためにまず確認しておく必要があることは道具のカタチです。私達が慣れ親しんだ道具である野球バットやおもちゃのカタナは長い棒がそのまま伸びています。しかし、ゴルフの棒（シャフト）の先端にはL字型に突起したヘッドが付いています。このことを言い換えれば、野球バットやカタナは仕事の主役をになう場所が棒の延長上にありますが、ゴルフ・クラブの仕事の主役は棒の延長上ではなく、そこから外に飛び出しているということになります。これは大きな違いと言えないでしょうか。道具のカタチが違えば道具の使い方も違ってきて当然なのですが、私達には子供の頃から慣れ親しんだイメージが強烈に残っているのです。

それでは、棒の先端から仕事の主役を担う部分が飛び出している道具と言えば何があるでしょうか。その道具をどのようにして使っているか。その時のイメージがゴルフ・スイングのイメージ作りに役立つに違いないと思います。筆者の世代ならすぐに見当が付く道具があります。小学校の校庭の草取りでよく使っていた、そう、カマ（鎌）です。棒の先端に鋭利な刃が直角に付いた草刈りの道具。若い世代には余り馴染みがないかも知れないですね。そういう向きには死に神が持っている武器をイメージしてもらえば良いかもしれません。（**図14**）

図14

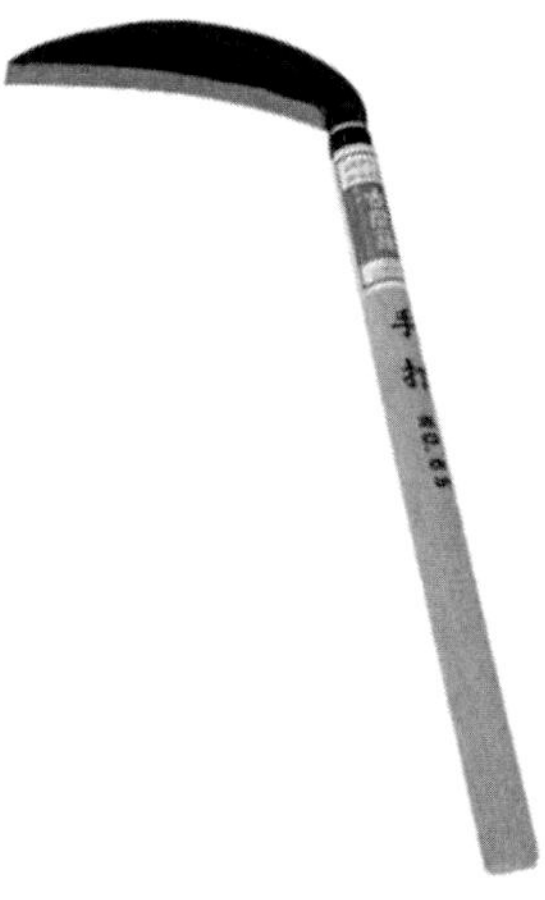

改めてカマの画像を見れば、なんとゴルフ・クラブに似ているではないでしょうか。そう、このイメージなのです。そして、カマを使う時にはどういう動きをするか。まさにハンド・ファーストの動きをしているのではないでしょうか。柄を持った手が先行し、後から刃が来て草を刈っています。手と刃が同時に動いてしまうと草は刈れずに、悪くすると自分の足を傷つけてしまいます。ゴルフのスイングに必要なイメージは野球のバットではなくカマの動きだったのです。このイメージ変更を行うだけでもゴルフ・スイングが大きく変わってきます。是非とも「**カマ・イメージ**」を定着させてスイングして欲しいと思います。（ただし、フォロー・スイングはカマ・イメージではありません。これは後で触れます。）

ポイント3 カマ・イメージ補助法

スイングのイメージをカマ・イメージにするだけで大きな効果があります。しかし、万全ではありません。従来のイメージが蘇りのチャンスを虎視眈々と狙っているからです。また、人間の本性として目標物に器用な手を一直線に伸ばそうとする一般的なクセもあります。そこで、もう一つ補助的な方法を活用しましょう。

それは、**グリップがボールを通り越すことを視認する**ということです。カマ・イメージでスイングしていればグリップは必ずボールを通り越しています。それを別の方法で補強してやることになります。スムーズなカマ・イメージ・スイングをしている時には、グリップは必ず「そのまま」ボールを通り越しています。**トップで作られたグリップがその形を変えず、そのままボールを越えて行く**ことをちゃんと見定めることで、強制的にカマ・イメージに基づく動きを維持させ、スムーズなスイングを作り上げるのが目的です。

ただ、カマ・イメージもこの視認法も言葉にすれば簡単なことなのですが、実際には「グリップがこのままボールを通り越せば極端なスライス・ボールになってしまう」との恐怖感が必ず出て来て、なかなか出来るものではないことも事実です。右側にOBが迫っているようなときにはなおさらでしょう。

そういうときには是非次のことを思い出して頂きたい。「スライス矯正のためには最初からスライス狙いで打ってみましょう」という指導をレッスン書で目にされた読者は少なくないと思います。最近のドライバーはスライスが出にくいように研究開発されているからスライスを打ちに行くと意外に真っ直ぐボールが飛んでいくとも解説されています。これは多くのゴルファーが実体験済みのゴルフ七不思議の一つかも知れませんね。

どういうことなのでしょうか。最初からスライス打ちを決意したゴルファーはクラブ・ヘッドが開いたままボールを打って行こうとします。インパクト直前にヘッドを返そうとか思わないのです。だからグリップがそのままボールを通過しやすいことになります。どうでしょう、図らずも先程のカマ・イメージ・スイングをしているということになりませんか。これは覚えておいて損はないちょっとしたヒントかも知れません。

ヒダリ脇の締めについての勘違い

思い込みの三番目は、ヒダリ脇をしっかり締めてスイングしましょうという、これも良く聞く教えです。ヒダリ脇が締まったスイングになっていることはとても大切なことです。しかし、意識的に締めようとすることと、正しいスイングをしたときに結果的に締まっているということは似ているようで、実は大きな違いがあります。

意識的にヒダリ脇を締めようとするときの間違った思い込み。これが問題なのです。ただし、この思い込みは身体の仕組みをしっかり確認、理解することで解消することができます。久しぶりにご自身の身体で次の事実を確認して頂きたいと思います。

図15のようにトップからシャフトが地面と平行になる位置まで持って来て下さい。正しいダウン・スイングでグリップがこの位置まで来たときには、ヒダリ手甲が正面を向いているはずです。ヒダリ手甲の向きを変えないで、ミギ手に力を入れてグリップを飛球線方向に押してヒダリ脇を開けようとしてみて下さい。どうでしょう。大き

図15

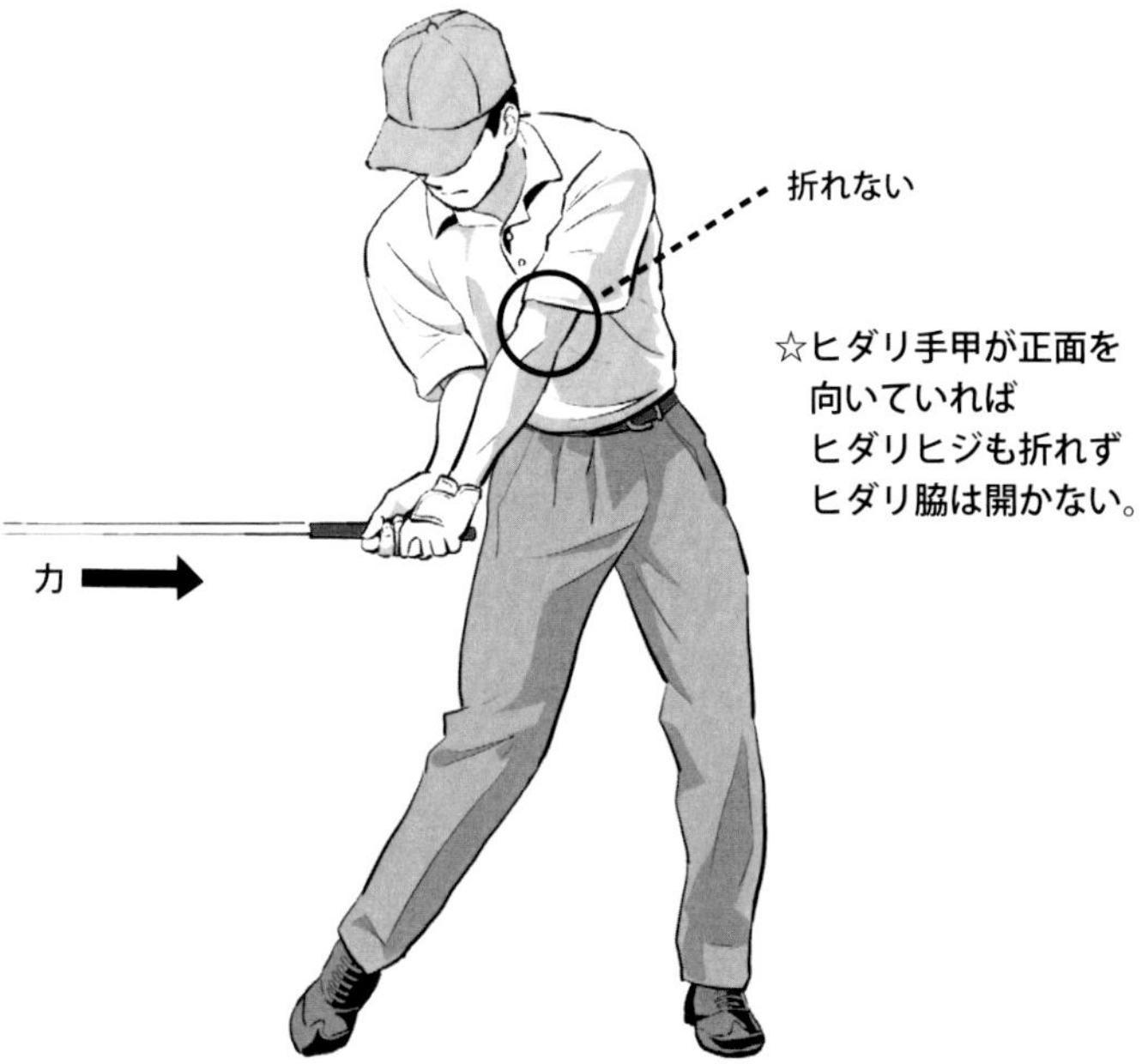

な抵抗感があると思います。意識的にヒダリヒジを折る動きを加えないと脇は開きませんね。（実は、この身体の仕組みが「ヒダリの壁」と言われるものの正体なのですが、これについては後述したいと思います。）このように、**正しいスイングをしていればヒダリ脇はそう簡単に開くものではないのです。**

次に、**図16**のようにヒダリ手甲をボール方向に向けて下さい（ヒダリ腕が外旋します）。さあ、ミギ手でグリップを押してみて下さい。ヒダリ肘が折れてヒダリ脇がいとも簡単に開いてしまいますね。**ヒダリ手甲が僅かに回転**

図16

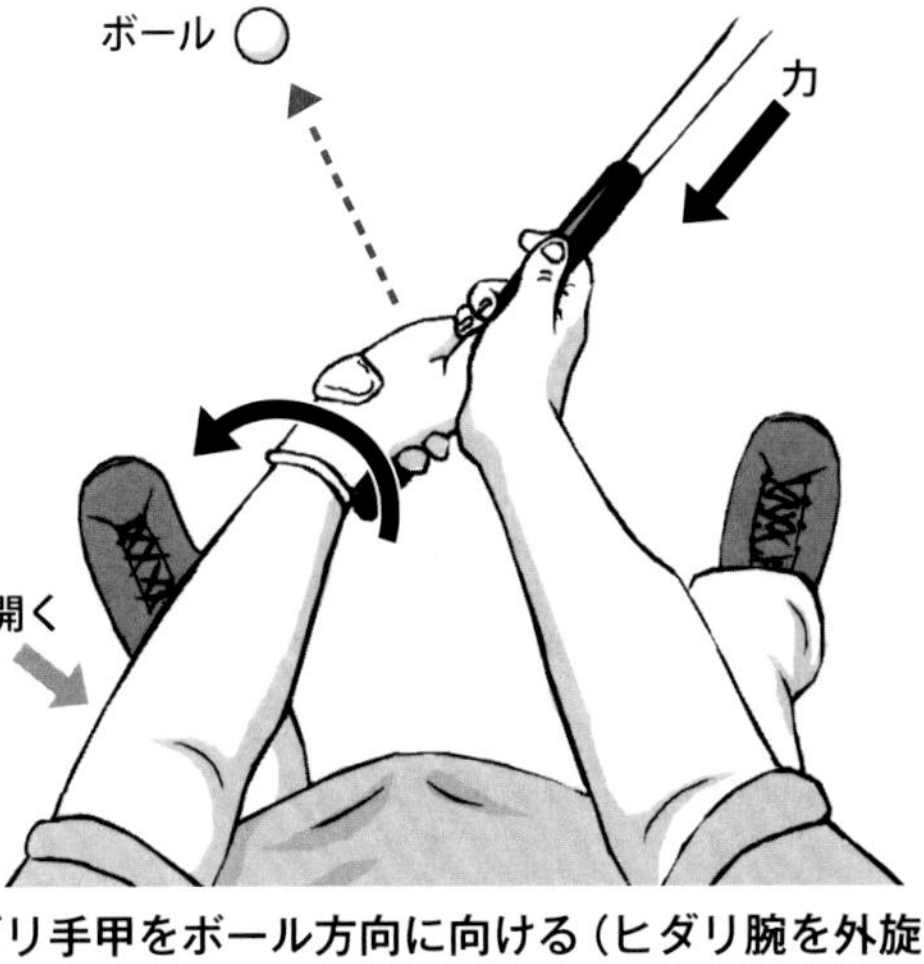

☆ヒダリ手甲をボール方向に向ける（ヒダリ腕を外旋する）とミギ手でグリップを押せば左ヒジが開く

するだけでヒダリ脇がこんなに開いてしまうのです。私達の骨格連動は驚異的です。

このことを実際のスイングに当てはめると、手先でボールを打ちに行こうとする、あるいは先程のカマ・イメージ・スイングが出来ていない場合、ヒダリ手甲がボール方向に回転してヒダリヒジが緩み、心でどんなに脇を締めようと努力しても結局ヒダリ脇が大きく開いてしまうことになります。また、**意識的にヒダリ脇を締めようとすれば、ヒダリ肩甲骨の下方回旋を急激に強めることになります。この動きは骨格連動によってヒダリ腕の外旋を強めてしまいます（公式1）。結果、ヒダリ手甲がボール方向に大きく回転してしまいます。**

多くのアマチュア・ゴルファーがヒダリ脇を締めることに意識を向けすぎて結局ミスショットしてしまうのはこのような事情によるのです。**正しいスイングをしていれば身体の骨格連動によってなにもしないでもヒダリ脇はちゃんと締まってくれます。**身体の仕組みに沿った心の使い方が大切だということが良く分かります。

ここまで見てきますと、カマ・イメージ・スイングとヒダリ脇の締めに関する正しい理解とは相互補完的な関係にあることが分かって頂けると思います。

フォローからフィニッシュまでの動き

ゴルフ・スイングは一連の動きですから、フォローからフィニッシュまでの動きも、その前段階の動きが100％影響しています。インパクト・ゾーンで正しい動きが出来ていればフォロー・スイング、フィニッシュも綺麗な動きになります。また、スイングの総決算としてのフィニッシュが決まっていれば、大きなミスショットは発生していないはずです。ここではインパクトに大きな影響を与える「ヒダリの壁」と「フェース・ターン」という重要な概念について検討したいと思います。

ヒダリの壁

ヒダリの壁の重要性は多くのレッスン書で解説されているので、アマチュア・ゴルファーにはとても馴染みのある言葉ですね。しかし、それではヒダリの壁とは具体的に何を指しているのでしょうか。この問いに対する明確な回答を行ったレッスン書は少ないのではないかとの印象がありま す。ここでは、ヒダリの壁を骨格連動から明確に規定してみたいと思います。

ポイント1 確認動作

ヒダリの壁の真実を解明するために、簡単な確認の動作を行って頂きたいと思います。**図17**のように、両膝を折って前傾姿勢になり両腕を身体の側面上に伸ばして下さい。そこから両腕を下げてゆき、両肩甲骨が背中でくっつくように感じられるところまで持ってゆきます。その時に両膝はどのような動きをしたでしょうか。両膝が伸び

図17

たものと思います。両腕を下げて両肩甲骨が下方回旋の極限まで到達した時には両膝が伸びる。これが私達の身体の骨格連動による自然な現象です。水泳の平泳ぎをイメージして頂ければ分かりやすいかも知れません。また、これは**公式2**の再確認でもあります。

ポイント2 ヒダリの壁は骨格連動の自然な結果ー意識的に作るものではない

さて、先程の事実を確認した上で、実際のスイングを見てゆきましょう。ヒダリ肩甲骨の下方回旋によってリードされたスイングがインパクト・ゾーンを通過してフォロー・スイングに入ってきました。その一連の動きを通じて、ヒダリ肩甲骨は常に下方回旋を続けています。そして、腰が飛球線方向に対して45度の位置に来たときにヒダリ肩甲骨の下方回旋が終了して肩甲骨の動きが止まります（肩甲骨はそれ以上背骨方向に動くことができません）。ここで二つのことが起こります。一つは先程確認して頂いたようにヒダリ膝が伸びます。もう一つは「インパクト前後からフォロー初期まで（インパクト・ゾーン）の動き」で見てきたようにヒダリヒジもブロックされてそれ以上ヒダリ側（飛球線方向）に動くことができなくなります。つまり、ヒダリ肩甲骨下方回旋完了によってヒダリ膝の伸長（伸びきって膝がブロックされたとも言えますね）とヒダリヒジのブロックが自然に発生します。この**ヒダリ膝とヒダリヒジのブロック、これがヒダリの壁の真相**なのです。ですから、ヒダリの壁は身体の骨格連動によって自然に発生するものであり、意識して作り出すものではないのです。

フェース・ターン

ポイント1 グリップの軌道に関するイメージ

次の重要な概念はフェース・ターンです。フェース・ターンについても多くのアベレージ・ゴルファーが間違ったイメージの中で暗中模索状態にあるのではないかと思います。まずはこのイメージを検証してみたいと思います。ボディー・ターン・スイング理論の中で、手や腕は何もしない、身体の回転について行くだけとの説明が強調されていることから、多くのアベレージ・ゴルファーはグリップが辿る軌道について下**図18**のようなイメージを持っているのではないでしょうか。

しかし、実際にはグリップの軌道は**図19**のようになっています。（これはあくまでイメージのお話です。身体の回転に伴ってグリップは図18のような軌道を「結果的に」描いているのですが、最初からこのようなイメージを持っていると多くの弊害が出てきます。）ほとんど直線でインパクトまで進みます（この時グリップはヒダリの壁に到達しています）。このことは、先程のカマ・イメージを参考にして頂ければ分かりやすいかも知れません。

ポイント2 インパクト直後の急激なターン

それではフェース・ターンの具体的な検討に入ります。結論を先取りすれば、**切り返しからインパクトまでは、ヒダリ肩甲骨の下方回旋に伴うヒダリ腕の外旋と上体の回転によって緩やかにフェースがターンします。そしてインパクト直後身体がヒダリの壁に到達した途端に**

図18

図19

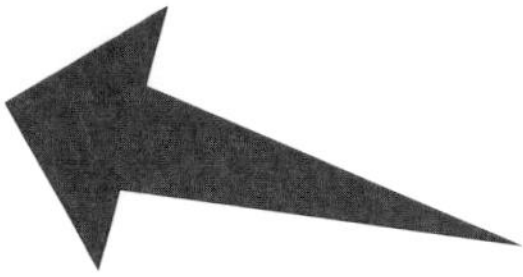

グリップのヒダリ回転とヒダリ前腕の外旋によってフェースが急激にターンします。フェースはトップからフィニッシュまで単一のスピードや身体の使い方でターンしているのではないのです。フェースは二段階の異質な動きでターンしています。ヒダリ側でヒュンという音が聞こえるようにスイングしましょうと言う教えの真意はここにあるのだと、筆者は思います。

このことをシャフトも含めたクラブ全体の運動量という視点から見てみると、強烈な「タメ」が生まれるメカニズムが分かってきます。グリップがヒダリの壁に到達するまではヒダリ肩甲骨の下方回旋によってリードされたクラブがトップから地面と水平になる場所まで緩やかに降りてきます。この時のクラブの運動量は余り大きくありません。ところが、ヒダリの壁に到達したグリップが180度急激に回転することにより、クラブの運動量が劇的に増加します。これが、「タメ」発生のメカニズムです。

ポイント3 「その瞬間」に働く力

以上のことをより詳しく見てゆきましょう。切り返しからインパクトまでの動きについてはこれまで色々と見てきましたので改めて追加的に解説する必要はないと思います。インパクト直後身体がヒダリの壁に到達したその瞬間に何が起こっているのかについて考えてみたいと思います。フェースはグリップの動きと連動しています。ですから、その瞬間にどのような力がグリップに働いているかを確認することから始めましょう。

その瞬間に至るまでクラブはヒダリ肩甲骨下方回旋により緩やかに加速された落下運動をしています。これによりクラブには最初は地面方向、次いで飛球線方向に遠心力が働いています。加えてシャフトの先端片側にヘッドが付いていますからヘッドの回転力が働いています。この二つの力がクラブを支えるグリップに掛かっているということになります。

正しいスイングをしてグリップが無事「その瞬間」に到達できれば、この二つの力の相互作用によってそこからグリップが急速にヒダリ回転を始めます。この回転がヘッド・スピードの増加を可能とし、ヒダリ側でのヒュンという音を発生させます。なお、その際ヒダリ腕の前腕も同時に外旋しますが、肩甲骨との連結度が強いヒダリ上腕は前腕ほど回転しません（肩甲骨がヒダリの壁で可動域を失っているからです）。この前腕と上腕との外旋差によってヒダリヒジのたたみ込みが行われ綺麗なフィニッシュに向かいます。**図20**を参照して下さい。

ポイント4 二つの力に負けたグリップ

穏やかな気持ちで普通にスイングしている時にはグリップがこの二つの力に負けることなくヒダリの壁まで移動できます。しかし、グリップがヒダリの壁に到達する以前の段階で少しでもヒダリ回転を初めてしまうと、この二つの力に対抗することができなくなります。グリップが早めにヒダリ回転を初めてしまう大きな要因は手先でクラブをボールに合わせて行こうとする動きです。この微妙なヒダリ回転が発生するとグリップは二つの力に対抗することができなくなり（本当に僅かな回転で負けてしまいます）手首が折れてクラブが地面方向に垂れさがってしまいます。ミギ手のヒンジ角が解けてしまうと表現できるでしょうか。その結果、ダフリやボールの下を打ちこんでのテンプラとなってしまいます。

図20

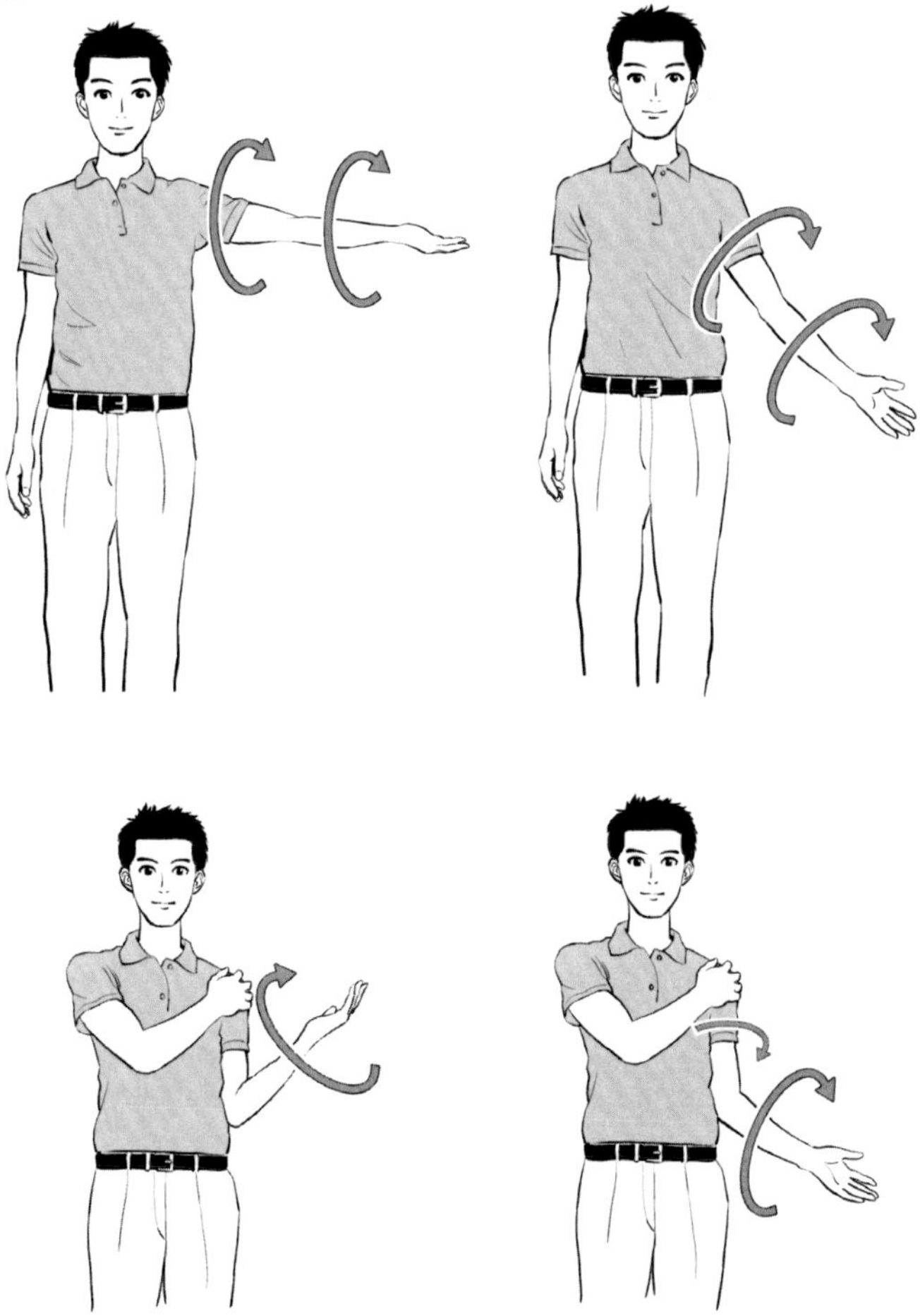

ポイント5 膝伸び上がりメカニズム

手先でクラブをボールに合わせに行こうとする動きは、もう一つの重大な問題を発生させてしまいます。前に少し触れましたが、インパクト・ゾーンでの膝の伸び上がりです。これは先程のクラブの地面方向への垂れ下がりを感知した身体が反射的に膝を伸ばして高さを調整しようとする動きの他に、骨格連動によって必然的に膝が伸ばされてしまうというメカニズムが働いているからです。

どのようなメカニズムが隠されているのか見てみましょう。切り返し以降ヒダリの壁までスイングはヒダリ肩甲骨のスムーズな下方回旋でリードされています。ヒダリ肩甲骨は一定のリズムで下方回旋をしていると言うことになります。ところが途中でこのリズムが崩されると、肩甲骨は別の動きでこのリズムの変化に対応しようとします。肩甲骨は多様な動きをスムーズに行うことができるように背中に浮いています。逆に言えばとても敏感な骨なのです。ですから、突然のリズムの変化に即座に対応しますす。ここでは手先でクラブをボールに合わせに行こうとする動きが突然のリズムの変化を発生させていることになります。

この動きはグリップをヒダリ回転させます。グリップのヒダリ手に焦点を当てれば、ヒダリ手のヒダリ回転 ↓ ヒダリ腕の外旋 ↓ ヒダリ肩甲骨の下方回旋という連鎖が発生することはこれまで何度も確認してきました。結論だけを取り出せば、手先でクラブをボールに合わせに行くとヒダリ肩甲骨の下方回旋が急に強められる（回旋リズムが崩される）ことになります。とても敏感な肩甲骨はこの回旋強化と言う非常事態に挙上という別の動作を行うことによって対応しようとするのです。このことは、**公式2補足**によってヒダリ膝の伸び上がりを発生させてしまうのです。

公式2補足

肩甲骨の挙上 ↓ （同じ側の）膝が伸び上がる

※この公式は正しいスイングをしている時には関係ない公式ですが、ミス・ショットの原因になっているので、公式２補足として確認しておきます。

ポイント6 フェース・ターンのまとめ

フェース・ターンに関する検討は以上です。まずは間違ったイメージをなくして頂き、骨格連動によるフェース・ターンの仕組みを十分理解して頂くことが大切だと思います。繰り返しになりますが、**グリップの動きはトップからヒダリ壁までほぼ直線です。骨格連動によって自然に発生したヒダリの壁にグリップの直進が阻止され、急激な回転運動に転換される**と言うことがお分かり頂けたでしょうか。因みに、この時のミギ手の回転運動は車のフロント・グラスを掃除する時の動きに似ています。また、その回転軸はヒダリ前腕の中心です。ヒダリ前腕の中心を軸としてヒダリ手がヒダリ回転します。スイングがここまで来ると、私達はつい安心して骨格連動を忘れてしまう傾向があります。ここまで一生懸命来たんだからこれで良いよね、といった感じですね。ところが、フィニッシュの段階こそ、骨格連動をしっかり意識する必要があります。具体的にはどういうことでしょうか。それは、極めて微妙な骨格連動なので分かりにくいのですが、微妙な連動でも、身体が動いているときには予想外に大きな働きをします。

確認してみましょう。浅く椅子に座って、両手を自然に前に出して下さい。そこから、両手をヒダリに回転させます。その時、両膝がヒダリ側に引きずられている感覚が分かるでしょうか。そうです。両手をヒダリに回転させるだけで、私達の骨格が連動して膝を微妙にヒダリ側に動かしているのです。動きの中ではこの連動が一層強調されます。フォローでは、この連動を阻害しないことです。ヒダリ手がヒダリに回転する。その回転がミギ膝を飛球線方向に引きずる感覚です。あたかも、ヒダリ手とミギ膝とが一本の見えない糸で結びつけられているような感じですね。ヒダリ手の回転にリズムを合わせて、自然にミギ膝を飛球線方向に送り込むことが大切です。この見えない糸が切れると、ミギ膝が残って、ヒダリ手の回転だけが孤立し、その結果ボールは遥かヒダリに飛び出してしまいます。

この項を終わるにあたって、一つだけとても重要と思われることを記載しておきたいと思います。これは、フォロー・スイングだけに当てはまることではなくて、ゴルフ・スイング全体に関することです。別の一項目を設けて詳しく解説した方が良いと思われるほど大切なことですが、ここでは簡単に要点だけを説明しておきたいと思います。これまで、ゴルフ・スイングにおける骨格連動を詳細に見てきました。スイングの各段階における腕や手の位置、回転方向などもしっかり確認してきました。身体に負担のかからない、効率が良くて再現性の高いスイングを行うためのコツを検証してきたわけです。読者諸氏におかれては、まずこうしたコツを理解して、ご自身の身体で納得して頂きたいと思います。しかし、とっても大切なことは、実際のラウンドではこうした細かな骨格連動のことを忘れてしまうことです。これまで解説してきた骨格連動を意識的に行おうとし過ぎると予想外のミスが出てしまいます。過剰な意識が自然な骨格連動を阻害してしまうということになってしまうのです。このことを、先のフォローにおけるヒダリ手の回転とミギ膝の連動を例にとって説明してみたいと思います。正しいスイングをしていれば、骨格連動が自然に働いて、結果的にフォローでヒダリ手はヒダリ回転します。しかし、ヒダリ手をしっかりヒダリ回転させなきゃと意識し過ぎると、身体全体の骨格連動が分断されて、大きなミス・ショット（この場合にはヒダリへの引っかけ）になってしまいます。過ぎたるは及ばざるがごとし、なのです。

フィニッシュ

最後にフィニッシュです。フィニッシュではヒダリ足にほとんどの体重が乗っています。先程のヒダリ前腕とヒダリ上腕と外旋差によってヒダリヒジを基点としてヒダリ上腕が手鏡をするときのように頭に近づきます。スイングのスピードの余韻によってヒダリ脇も開き美しいフィニッシュに収まることになります。フィニッシュはそれ以前の動きが正しく出来ていれば自然に綺麗に収まるものです。

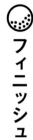

Chapter
7

アプローチ・ショットの仕組み

アプローチ・ショットがそこそこ安定して打てるようになるまで3年以上掛かりました。以前は自分で言うのも変ですが、本当に下手でした。ですから、表紙にアプローチという言葉が載っている本は何冊も買って研究しました。しかし、どこを探してもアプローチ・ショットの身体の使い方に関する具体的な説明がないのです。アプローチ・ショットの大切さ、その種類、ボールの位置、距離感の出し方とかの説明は沢山あるのですが、そもそもどのような体の使い方をしなければいけないのかは分かりませんでした。勿論、手先で打ってはいけない、ヘッド・アップしない、テイク・バックとフォローが同じぐらいの大きさでゆったり打つと言った説明はあるのですが、具体的なメカニズムがつかめないのです。本当に色々な打ち方を試しました。毎日のように自宅の庭でアプローチ・ショットの練習も欠かしませんでした。しかし、納得することはできませんでした。

そのような中で体重移動の真実が分かり、ヒダリ肩甲骨主導スイング理論が完成してから事情はがらりと変わりました。アプローチ・ショットが非常に簡単なものになったのです。アプローチ・ショットもフル・ショットの一部分ですから当然と言えば当然です。今では、どうしてそのような正確なアプローチが出来るんだと聞かれる程です。3年前と比較すると隔世の感があります。これまでに説明してきたスイング理論の中にアプローチ・ショットの具体的なメカニズムが当然含まれているわけですが、多少特別の配慮をすることが必要と思われるポイントもありますので、その辺を中心にアプローチ・ショットについて以下説明させて頂きます。

アプローチ・ショットの最重要事項

アプローチ・ショットで最も大切なことは第六章（一）のカマ・イメージの維持と第六章（六）で確認したグリップ軌道の明確化だと思います。ゴルフ・スイングでは、クラブの形状から特別な状況を除いてボールをハンド・ファーストで捉えることが基本です。また、グリップは身体の前面で一様な楕円軌道を描いてはいません。ヒダリの壁に至るまでほとんど直線運動をしています。さらに、インパクト・ゾーンにおけるミギ足体重も軽くではあってもちゃんと意識することが必要です。

特にアプローチ・ショットではゆったりとしたスイングをすることになりますから、この三つの事柄についてフル・ショットよりも明確なイメージを維持する必要があります。また、アプローチ・ショットではついつい小手先でボールを操作したいとの気持ちが強くなります。その結果、カマ・イメージが消えてしまいます。これはクラブ・ヘッドがグリップを飛球線方向に追い越してしまう（ハンド・ファーストの消滅）ことですから、ザックリの大きな原因になります（ハンド・ファーストが崩れると、ヘッドは急激に下に落ちてしまいます）。また、グリップ軌道が身体の回転とともに楕円運動を行っているという間違った思い込み（繰り返しになりますが、結果的にはそうなるのですが、最初からそのようなイメージを持ってはいけないと言うことです）があると、シャンク発生の原因になります。

アプローチ・ショットの打ち方

50ヤード前後あるいはそれ以上距離のあるアプローチ・ショットはフル・ショットと余り変わるところはありませんから（勿論、フェースを開いてスピンを掛けようと言うようなショットではアドレスが変化しますが）、ここでは30ヤード以内のアプローチについて説明します。

30ヤード以内のアプローチ・ショットの基本的な身体の使い方は第四章のゾーン1における身体の使い方と同じです。つまり、ヒダリ膝とヒダリ肩甲骨が連動しています。フル・ショットのテイク・バック初期の動きですね。ですから、ヒダリ足体重でヒダリ膝のリードによってクラブを上げてゆきます。フル・ショットでは「グリップの伸び」調整のためヒダリ肩甲骨主導でダウン・スイングを始めましたが、この調整作業を行う必要がないアプローチ・ショットではヒダリ膝リードでダウン・スイングを行う感じになります。そして、この場合にもグリップはヒダリの壁に到達するまで直線運動をすることも変わりません。

そして、ヒダリの壁にグリップが到達した際にグリップを回転させるか、あるいはそのまま意図的に維持して目標方向に運ぶかによってボールの転がり方が違ってきます。回転させれば転がりの良いボール、そのまま運べば止まりやすくなります。また、その位置からヒダリヒジを引けばスピンの効いたボールになります（しかし、この打ち方はトップになりやすいので要注意です）。

アプローチ・ショットでスタンスを開く理由

アプローチ・ショットではスタンスを狭くして少し開きましょうというのが基本的なセオリーですが、どうしてそのようなスタンスをするのでしょうか。念のため確認しておきましょう。それは、フル・ショットではヒダリ肩甲骨の下方回旋範囲が広いのでヒダリ膝の伸長とそれによる十分な上体の回転が得られるのですが、アプローチ・ショットではヒダリ肩甲骨の可動範囲がほとんど無いため上体の回転不足が起こってしまう可能性があります。その不足分を予めスタンスを開くことで調整しているのです。

アプローチ・ショットのミス軽減法

アプローチ・ショットは目の前に目標が迫っており、また狙ってゆくところもピンポイントになりますからやはり緊張しますし、スイング・スピードが遅いのでついつい手先でコントロールしてしまいがちです。アプローチ・ショットのミス軽減法として次の二つが考えられますので参考にしてください。

一つは、漠然と打つことです。漠然とボールの手前からヘッドのトウ側をすべり込ませてダフリながら打つ気構えを持つことだと思います。また、目標にしてもだいたいあの位にボールを落とせば良いぐらいの軽い気持ちでショットすると意外に好結果につながるものです。

二つ目は、スイングの最下点をボールを過ぎた10センチ位のところにイメージすることです。このイメージを持つだけでも、ハンド・ファーストが崩れることを防いでくれます。

Chapter

8

天真正伝スイング

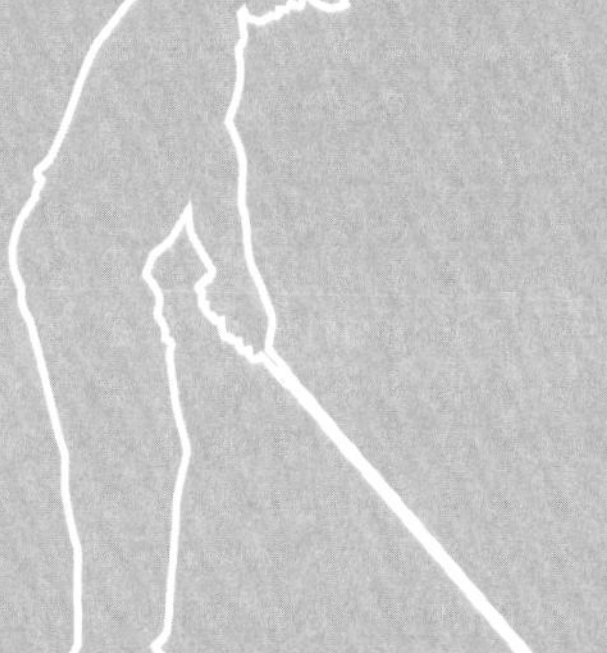

天真正伝

さて、これまでの各章でヒダリ肩甲骨主導によるスイングを説明してきました。ヒダリ肩甲骨主導スイングを作っている骨格連動のメカニズムを明確に理解頂ければ、そこから更に一歩進めて究極の単純化スイングが見えてきます。意識的操作を可能な限り排除して、私達の身体に備わっている自然の仕組みに任せきって行うスイングです。自然のままで飾りけがなく（天真）正しい教えを持った（正伝）スイングという意味で、筆者はこの究極のスイングを天真正伝スイングとしました。

天真正伝と言えば、日本武道の源流とされる「天真正伝香取神道流」が思い起こされます。この流派については、「天真正伝香取神道流は飯篠長威斎家直を流祖として、下総の国香取の地に伝承する武道である。家直公は六十余歳にして香取大神に壱千日の大願をたて斉戒沐浴、兵法に励み百錬千鍛を重ね粉骨の修行の後、香取大神より神書一巻を授けられたと伝えられ、その後、連綿と続き、現在宗家二十代目飯篠快貞に至っている」（日本古武道協会オフィシャル・サイトより）という説明が行われております。

このような日本を代表する武道の流派に冠されている「天真正伝」という言葉をゴルフ・スイングに使うなどとはもっての外とおしかりを受けるかも知れません。しかし筆者は、この言葉を冠することにより、日本の伝統を継承した日本人独自のスイングを探求したい、またその過程を通じて私達日本人がその素晴らしい文化を再確認することになればとの強い気持ちを表明したかったのです。

極意はほのかな気持ち

天真正伝スイングの結論から申し上げましょう。その鍵は意識です。体重の移動に関する意識を正しく使うだけで、あとのことはこれまで検討してきた身体の自然なメカニズムがちゃんとやってくれます。ですから、ゴルファーが意識しなければいけないことはたった一つだけということになります。それも、明確な意識というよりも、ほのかな気持ちと言ったほうがしっくりきます。こう申し上げると、ゴルフのスイングは注意しなければいけないポイントが多すぎて困っているのにそんな簡単なスイング理論があるわけないと言われてしまいそうです。しかし、私達の身体の仕組みをしっかり理解して、その仕組みに全幅の信頼を置いて任せ切ることができれば、この究極の単純化スイングは絵空事ではなくなると思います。

正しい体重の移動がポイント

それでは本書スイング理論の総まとめとして天真正伝スイングのメカニズムを解明してゆきたいと思います。ここでも、私達の身体の仕組みについての公式を使います。しかし、多くの場合方向性が逆になります。例えば、**公式2**の「肩甲骨の下方回旋 ↕ (同じ側の) 膝が伸びやすくなる」を、「膝が伸びる ↕ (同じ側の) 肩甲骨が下方回旋する」という逆の流れで使ってゆきます。そして、最も重要なことは「体重の移動」です。スイングにおける「体重の移動」についての正しい理解がなければこの究極の単純化スイング理論は成立しなくなります。まずは、「体重の移動」についての公式を以下に再掲します。

公式5

トップ ヒダリ足体重
切り返し〜ヒダリ腕地面と水平地点 ヒダリ足体重
ヒダリ腕地面と水平地点〜インパクト前後 ミギ足体重
フォロー〜フィニッシュ ヒダリ足体重

この公式の要点は、トップではヒダリ足体重、インパクト・ゾーンではミギ足体重ということになります。常識とは逆ですが、スイングの中でこの原則を実感できなければ天真正伝スイングは達成できません。

ミギ足に体重を移す気持ち

それでは、トップの形はどうなっていたか再確認しましょう。トップではヒダリ膝が折れ、ヒダリ肩甲骨が上方回旋を終了し、このためヒダリ腕が内旋しています。ヒダリ膝が折れているので体重はヒダリ足により多く掛かっています。

ここから、ヒダリ肩甲骨の下方回旋で切り返していくと言うのがヒダリ肩甲骨主導スイングのポイントでした。しかし、天真正伝スイングでは、意識をヒダリ肩甲骨ではなく体重の移動ということに向けます。**トップのヒダリ足体重をミギ足に移してゆこうという気持ちを持つことで切り返しをスタートさせる**のです。強い意識を使うのではなくて、気持ちを軽くミギ足に持ってゆくと言う感じです。切り返しがスタートしてしまえば、その後の動きは身体の仕組みとクラブの仕事に任せてしまいます。

このスイングを行うと最初はとても違和感があると思います。多くのゴルファーが、これまで色々なポイントに注意しながら一所懸命スイングしてきたからです。ところが筆者が探し求めるこのスイングでは最初の一瞬を除いて、こうしよう、ああしようと言う意識を全く使いません。慣れない間は空白感や頼りなさが心を占領するかも知れません。

しかし筆者は、武道探求の道で身体の仕組みに最大限の信頼を置くことが出来れば、意識的な操作とは比較にならないほどの「未知の」力が発揮されることを確認しました。ある意味、この究極のスイングは筆者が現段階で到達した武道の極意をゴルフ・スイングに応用するものと言えます。

具体的メカニズムの解明

さて、このような抽象論では読者諸氏のご理解を得ることは出来ないでしょう。これから、具体的にそのメカニズムを解明してゆきたいと思います。

天真正伝スイングでは、ヒダリ足体重をミギ足体重に移す「ほのかな」意識を持つことから始まります。**公式3**が適用されます。**公式3**は次のとおりでした。

> **公式3**
>
> **中心軸が維持されている時、体重は膝が折れる側に掛かる**

ミギ足に体重を移そうとするわけですから、この公式を応用してヒダリの膝が伸びる動きを始めます。逆にミギ膝は折れる方向に動き始めます。この非常に微妙な動きによって骨格連動のスイッチがカチッと入り、その後次々に身体の自然な動きを導くことになります。順次見てゆきましょう。ヒダリ膝が伸びる動作を開始すれば、公式2が適用されます。**公式2**は次のようなものでした。

公式2

肩甲骨の上方回旋 ↕ （同じ側の）膝が折れやすくなる
肩甲骨の下方回旋 ↕ （同じ側の）膝が伸びやすくなる

公式2の下段の位置を逆転させれば、膝が伸びる ↕ （同じ側の）肩甲骨が下方回旋するとなります。ですから、ヒダリ膝が伸びる動作を開始すればヒダリ肩甲骨の下方回旋が導かれます。同時に、ミギ膝が折れる方向に動くということは、ミギ肩甲骨の上方回旋を発生させます。

そしてこの連動は**公式1**によって、ヒダリ腕の外旋、ミギ腕の内旋を誘導します。念のために**公式1**も以下に再掲しておきます。

公式1

肩甲骨の上方回旋↕（同じ側の）腕の内旋↕胸骨の反対側への傾斜※
肩甲骨の下方回旋↕（同じ側の）腕の外旋↕胸骨の同じ側への傾斜※
※中心軸を維持した前傾姿勢の場合、この胸骨の傾斜が回転運動に転換される

さらに、次に再掲の**公式4**によって、上体が飛球線方向に回転します。

公式4

中心軸が維持されている時、上体は膝が折れる向きに回転する
（前傾姿勢で既に膝が折れている状態では、伸びる膝に向けて上体が回転する）

このように、ヒダリ足にある体重をミギ足に移そうと「ほのかに」思うだけで、私達の身体の非常に緻密で正確な骨格連動が始動し、ゴルフ・スイングに必要な全ての動きを自然に、また適切に行ってくれるのです。この自然な連動を妨害している最大の障害は、他ならぬ私達のああしたい、こうしたい、ああしなきゃ、こうしなきゃという利己的な個我意識なのです。人間である限り、特別な事情がなければ、このような骨格連動は宇宙が私達全員に分け隔てなく与えてくれているかけがいのない資質であると言えるのではないでしょうか。私達人間に現れている宇宙の法則と言えるかも知れません。天真正伝スイングはその宇宙の法則、仕組みに全てを委ねるスイングでもあります。

ところで、ヒダリ肩甲骨の下方回旋初期動作の「あそび」によって調整された**「グリップの伸び」も、ヒダリ足からミギ足に多くの体重が移りきるまでの微妙な時間差によって自然に調整されてしまう**ことになります。これはとても不思議なことですが、間違いのない事実です。

天真正伝スイングが出来るようになるには、まずはヒダリ肩甲骨主導スイングで身体の仕組みを一つ一つ確実に実感することが大切です。その上でこの天真正伝スイングに挑戦して頂ければ、ゴルフが非常に簡単なものに感じられるようになりますし、また、私達の身体の不思議、それを深く追求してきた日本武道の貴重な伝統、そして私達に与えられている宇宙の恩寵を改めて認識することにもなります。

Chapter

9

よくある質問

これまでの各章で筆者独自のゴルフ・スイング理論についてなるべく分かりやすいように説明を試みてきました。

しかし、なにぶんこれまでの常識を覆すような考え方が多いので理解しがたいところや誤解を生んでしまったところもあるのではないかと思います。

それで、これまでに筆者のゴルフ仲間から出された質問に回答する形でこのスイング理論に関する補足的な説明をしておきたいと思います。既に触れてきた事柄と重複する箇所もあるかも知れませんが、読者諸氏の参考になれば幸いです。

Q&A

Q **プロのスイングを見ていると、クラブ・ヘッドが綺麗に楕円形を描いているように見えます。しかし、筆者の理論では楕円形ではなく、最初は直線、その後回転すると説かれているようですがなかなか感覚的に理解出来ません。**

A クラブ・ヘッドはプレイヤーの前面では確かに綺麗な楕円形を描いています。しかし、その大元になるグリップの動きに注目すると楕円形ではありません。グリップの動きはヒダリの壁に到達するまでほとんど直線で移動しています。しかし、ヒダリの壁によってこの直線運動がさえぎられて、回転運動に入っています。プロのスイングでクラブ・ヘッドが綺麗な楕円形を描いているように見えるのはこのグリップがヒダリの壁に到達して以降のグリップのヒダリ回転によるものです。このことは、**図21**のイラストを見て頂ければよく分かります。

図21

Q

ヒダリ肩甲骨を使うのは慣れないと難しいのではないでしょうか。また、ヒダリ肩甲骨の使い方で注意すべき点があれば教えて下さい。

A

そうですね。最初は難しいかも知れません。日常的に意識している骨とは言いにくいですからね。しかし、ゴルフを始めたときのことを思い出してください。最初は、グリップがしっくり来ませんでした。しかし、そのうち慣れてきたのではないでしょうか。大切なことは、思いだしたときにヒダリ腕を横に上げて、これを降ろす動きをやりながら肩甲骨がどのように動いているか確認してみることです。私達が意識してあげることで肩甲骨も活性化します。ヒダリ肩甲骨主導で切り返す時にとっても大切なことは、下方回旋を正しく行うことです。ヒダリ肩甲骨と肩をちゃんと区別して動かすことです。ヒダリ肩を回せばいいんだと思うと間違ってしまいます。それでは切り返しでの「グリップの伸び」が残ったままスイングしてしまうことになりますから、クラブの軌道がアウト・サイド・インになりますし、正常な軌道よりも上に浮いてしまいます。それでトップしてしまうことになります。

Q 体重移動について常識とは全く逆の結論が出されていますが、多くの人にとってこの常識の変更は難しいのではないでしょうか。

A まさにおっしゃるとおりだと思います。この常識、つまりミギからヒダリ（飛球線方向）に体重を移動させながらヒットするという考え方はとても長い間ゴルフの黄金ルールのようなものでした。説明のために野球の投手の動きがたとえとして出されることがありますね。しかし、野球の投手はミギからヒダリに体重を移動させ、同時に身体の中心軸もヒダリに大きく移動させています。中心軸をヒダリに移動させつつ体重をヒダリに移動させることは理にかなっています。ゴルフの場合はどうでしょう。中心軸を動かすことは推奨されていません。中心軸を維持しながら体重だけをヒダリに移すことはとても難しいことです。多くの場合、体重をヒダリに移動させようとすれば中心軸もヒダリに持っていかれる傾向があります。これが、初心者の球筋がスライスになってしまう大きな原因になっていると思います。何年もゴルフをやっていると、そのうちに中心軸をヒダリに移動させてもスライスにならないような打ち方を工夫できるようになりますが、根本的な解決法になっていないのでここぞと言うときに大スライスを出してスコアーを大きく崩すことになってしまいます。

ミギ足に体重がかかって飛球線方向に加重することができれば、本書でご紹介した骨格連動がそのうち自然に行われて来ます。当然頭は残りますし、その結果クラブもインサイド・アウトの軌道になります。

飛球線方向への体重移動という概念はゴルファーの心や身体の中に食い込んで

しまっていますから、これを変えて行くことはそんなにたやすいことではないことも事実です。筆者もこの概念の呪縛から解放されるまで時間がかかりました。しかし、ミギ足体重でインパクト出来るようになってから飛距離が驚くほど伸びました。勇気を持って常識を覆して頂きたいと思います。

Q

アプローチ・ショットでもミギ足体重でしょうか。

A

そのとおりです。アプローチ・ショットこそミギ足体重の心持でクラブを飛球線方向に流してあげることが必要だと思います。30ヤード以内のアプローチ・ショットでは、ヒダリ膝の屈伸運動だけで打ってゆきます。また、大きな体重移動は必要ありませんが、このときもインパクト〜フォロー初期までミギ足体重の雰囲気を持つことが大切だと思います。ヒダリ足体重でクラブをヒダリ方向に流すよりも、ミギ足体重の気持ちで流す方が容易です。このことはボーリングの動きをイメージすると分かりやすいかも知れませんね。

Q

本書では骨格連動の詳細が説かれていますが、一つ一つの骨格連動を意識してスイングすることはとても難しいと思います。

A

一つ一つの骨格連動を意識しながらスイングすることは無理です。しかし、動きの中で身体の仕組みがどのように連携しているのかを正しく知っていることはとても大切なことだと思います。正しく知っているということとそれを意識して使うということは同じではありません。筆者の理論では意識して使うのは最終的にはヒダリ肩甲骨だけです。骨格連動を正しく知っていれば、ヒダリ肩甲骨の意識的操作がどのような身体の動きを自然に発生させているかが分かります。身体の自然な連携動作に信頼を置くことができ、安心してショットに臨むことができます。

Q

ヒダリの壁にグリップが衝突してその直進運動が回転運動に変わるということですが、もう少し詳しく説明してもらえますか。また、その時の注意点があれば教えて下さい。

A

「グリップの直進運動→ヒダリの壁→グリップの回転運動」はなかなかイメージしにくいものだと思います。しかし、プロのスイングを上方から撮影した連続写真があれば、その写真で確認して頂ければ明確にお分かり頂けると思います。切り返しからフィニッシュまでほぼ直線運動です。実際には緩やかなカーブを描いていますが、ほぼ直線運動だというイメージを持って頂いた方が、これまでの円弧という間違ったイメージを矯正しやすいと思います。ところで、切り返しからフィニッシュに至る動きの中で一か所だけグリップが特殊な動きをしているところがあります。それが、ヒダリの壁到達点です。なお、ヒダリの壁は意識して作るものではなくて、身体の仕組みによって自然にできるものであることは既に見て来ました。

さて、ヒダリの壁にグリップが到達した時に何が起こっているのか。それまでヒダリ手が飛球線方向にありますが、ここでグリップが回転して、今度はミギ手が飛球線方向に来るようになります。ヒダリ前腕の真ん中を中心軸にしたグリップの回転でヒダリ手、ミギ手の位置関係が逆転します。この回転によってクラブ・ヘッドが瞬時に加速されます。ですから、飛距離を出すためにはこの回転がスムーズに行われることが必要になって来ます。ところが、多くのアマチュア・ゴルファーは、グリップの軌道についての間違ったイメージがあるため、グリップの回転運動の芯になるヒダリ前腕を身体の方に引きつけてしまっています。その結果、回転軸がブレて回転スピードが大きく削がれてしまいます。また、ヘッドの軌道も肝心なところでへの字型に引き込まれてコスリ球が出てしまっています。

Q

飛距離を出すためには上体を強烈に捻じり上げ、そのパワーを解放するという説明をよく見受けますが。

A

上体を捻じることと飛距離とは全く関係がないと思っています。筆者の提唱する骨格連動スイングでは、上体の捻じりはむしろ弊害があるものとしています。ところで、飛距離を出すためにはタメの効いたスイングをすることが必要と良く言われますね。プロの写真を見れば一目瞭然です。身体の捻じり戻しだけでこのようなタメが出来るとは思えません。

タメを作るためにはグリップの軌道についての正しいイメージが必要です。その上で、ヒダリ壁に到達した時のグリップの回転運動がどれだけブレることなくスムーズに行われているかによって飛距離が大きく変わってくる、と筆者は考えています。多くのゴルファーが、気持ちよく振りぬいた時の方が、力一杯スイングした時よりも遥かに飛距離が出たという経験をお持ちだと思います。クラブを力任せに振ろうとすると、ヒダリの壁が崩れるだけではなく、その壁に到達した時のグリップの回転軸が揺れてグリップが効率よく回転出来ないからです。ですから、飛距離の秘密はグリップの回転運動の芯になるヒダリ前腕の正しい使い方にあると思います。

Q

クラブのロフトどおりの球筋を出すことができません。どうしても球筋が低くなって、ヒダリに逸れることが多いのですが、何が原因でしょうか。

A

幾つかの原因が考えられると思いますが、その最大の原因は体重移動にあると思います。ヒダリに体重を移動させながら打ちに行くと、どうしても身体がカブってしまいます。また、ヒダリの壁にグリップが到達する前にグリップの回転が始まることも大きいと思います。これは、強打しようとした時や丁寧に打っていこうとした時に起こりがちです。いずれの場合にも、ボールに意識が向かい過ぎて器用な右手が早めに回転を始めてしまいます。そうすると当然ヘッドがカブることになりますから、ロフトが殺され、またヒダリに打ちだしてしまうことになります。ミギ足体重でのインパクトとおおらかなスイングを心掛けることだと思います。

Q

チーピンの矯正法はありますか。

A

チーピンも、その真逆のテンプラも同じ原因で発生していると思います。まずはヒダリへの体重移動の考え方をなくすことです。体重をヒダリに移動させながらインパクトを迎えればどうしても上体がボールを上から打ちに行くような感じになります。ヒダリ足に体重を置いて身体の下でヒダリ足の内側にあるものを打とうとすれば当然そうなりますよね。また、その時にはミギ手のライ角を解く動きをしないと目標(ボール)を捉えることが出来ないと身体が判断してしまいます。ミギ手のライ角が解けると言うことは、それだけクラブ・ヘッドが地面に近づくということです。この距離の変化を直感的に感じ取った身体は肩甲骨の挙上(肩をすくめる動作)と膝の伸び上がり(両者は連動しています)で距離を合わせようとします。挙上が行きすぎるとボールをヘッドの下の方で打つことになりチーピンが、逆に挙上が不足すればヘッドをボールの下に打ちこんでテンプラと言うことになります。

おわりに

ゴルフ・スイングは、正しい身体の使い方をしていれば結果的にそうなってしまうということが多いと思います。しかし、多くのアマチュア・ゴルファーが自分自身の身体の仕組みを見つめないまま、プロの連続写真等を参照しながらスイングの各パーツを真似ようとする傾向があるのではないでしょうか。あるいはスイングの秘密をつかもうと著名レッスン・プロの解説書を何冊も購入して研究に余念がない。何を隠そう、これは今までの筆者自身の姿でした。

このようにして何枚のウロコが目から取れたと思い、またすぐに以前にも増して分厚いウロコが嵌まってしまったことでしょう。それは、自分自身の身体の声を聞き、自分自身が納得できるスイング理論ができていないからだと、遅まきながら気がついたのです。それ以降、何度も読み返したレッスン書を思い切って捨て、自分自身の身体に聞くことを始めました。そうすると、これまで明確に捉えることのできなかったスイングの仕組みがどんどん分かってきたのです。実際のラウンドでその仕組みを確認し、また改めて自分の身体に聞くというプロセスを繰り返しました。そして完成したのが、本書でお伝えした筆者自身のスイング理論です。

筆者自身の身体と言っても筆者だけに特有な仕組みはありません。普通の人間であれば誰もが同じように持っている身体の仕組みに焦点を当てました。ですから、このスイング理論は多くの方の参考になってくれるものと期待しております。しかしながら、一番大切なことは、どのような状況に遭遇しても自らのスイング理論を信頼できるかどうかだと思います。本書を読まれ、「ああ、そういう考え方もあるんだな」と思って頂き、読者ご自身のスイング理論を作り上げるきっかけになって貰えれば嬉しいです。

このスイング理論は、スイングに関するこれまでの常識を捨てたところから生まれてきました。ですから、ある意味非常識な理論とも言えます。こんな理論で本当に綺麗で安定したスイングができるのかと疑問に思われる方もおられることでしょう。ただ、筆者自身はこの理論でスイングがとても簡単になりました。これからも一層効率的な理論の完成を目指し精進してゆきたいと思いますので、ご叱責も含めコメントを頂ければ有り難いです。

御仲　ヒコ

２０１７年2月

超釈　ゴルフ解体新書　アマチュア真常識 — 骨格連動スイング理論

2017年２月25日発行

著　者　御仲　ヒコ

発行所　ブックウェイ
〒670-0933　姫路市平野町62
TEL.079 (222) 5372　FAX.079 (223) 3523
http://bookway.jp

印刷所　小野高速印刷株式会社

ISBN978-4-86584-114-5